탄소중립시대와 제품 전과정평가의 이해

박종관, 최미진, 노영민

탄소중립시대와
제품 전과정평가의 이해

박종관, 최미진, 노영민

도서출판
디자인21

서문

오늘날 전 세계는 기후위기의 심각성을 절감하고 있으며, 이를 해결하기 위한 다양한 노력이 요구되고 있습니다. 산업혁명 이후 화석연료 사용이 급격히 증가하면서 대기 중 온실가스 농도가 상승하였고, 이로 인해 지구온난화, 기후변화, 해수면 상승, 이상기후 등의 문제를 초래하고 있습니다. 이러한 환경 문제는 더 이상 특정 지역이나 국가에 국한된 것이 아니라, 전 지구적인 차원에서 대응해야 할 과제가 되었고 국제 사회는 탄소중립(Carbon Neutrality)을 중요한 목표로 설정하고 있습니다.

탄소중립이란 인간의 활동으로 인해 배출되는 온실가스 양과 이를 흡수하는 양을 같게 만들어 실질적인 탄소 배출량을 '0'으로 만드는 개념입니다. 이는 단순히 탄소 배출을 줄이는 것이 아니라, 산업 활동에서 발생하는 온실가스를 효율적으로 관리하고, 재생 가능 에너지를 활용하며, 나아가 배출된 온실가스를 제거하는 기술과 정책을 결합하는 것을 의미합니다. 이를 위해 각국 정부, 기업, 그리고 개인은 다양한 방법을 모색하고 있으며, 과학적이고 객관적인 탄소 배출량의 분석 도구로서 "전과정평가(Life Cycle Assessment, LCA)"가 중요한 역할을 하고 있습니다.

제품 전과정평가(LCA)는 제품이 생산되고 사용되며 폐기되는 전과정에서 발생하는 환경영향을 종합적으로 분석하는 방법론입니다. 이것을 통해서 원료의 채굴 및 가공, 제조, 유통, 사용, 그리고 폐기 및 재활용 단계까지를 포함한 포괄적 환경적 영향을 수치화하고, 제품이나 시스템이 환경에 미치는 영향을 개선하는 데 활용됩니다. 이러한 장점으로 인해 전과정평가는 산업과 정책 분야에서도 폭넓게 활용되고 있습니다. 기업들은 제품의 환경영향을 최소화하기 위해 전과정평가를 기반으로 친환경 제품을 개발하고, 지속가능한 공급망을 구축하며, 환경 인증을 취득하는 데 활용하고 있습니다. 특히, ESG(Environmental, Social, Governance) 경영이 강조되는 시대에서 전과정평가는 기업의 지속가능성을 평가하는 핵심 도구로 자리 잡고 있습니다.

이 책은 대학에서 학생들과 함께 공부하며 나눈 내용을 바탕으로 엮었습니다. 탄소중립 시대를 맞아, 제품 전과정평가(LCA)가 왜 중요한지, 그리고 실제 산업과 정책에서 어떻게 활용될 수 있는지를 다루고 있습니다. 또한, 제품 전과정평가의 기본 원리를 설명하며, 이를 통해 생산과 소비의 관점에서 지속가능한 사회를 위해 고민해 볼 수 있는 기회를 제공하고자 합니다. 이 책이 탄소중립을 실천하는 데 있어 유용한 길잡이가 되기를 바라며, 전과정평가 분야에 관심이 있는 분들에게 좋은 입문서가 되기를 바랍니다.

마지막으로 본 성과는 2024년도 정부(환경부)의 재원으로, 한국환경산업기술원(KEITI)의 「미세먼지관리 특성화대학원 전문인력 양성사업」의 지원을 받아 수행된 연구임을 밝히며, 이에 감사드립니다.

저자 드림

차례

서문 | 6

1. 기후위기와 탄소중립 시대 10

1.1 기후위기의 문제 | 11

1.2 탄소중립을 위한 노력 | 14

1.3 생애주기적 사고를 활용한 탄소중립 | 17

2. 전과정평가 소개 22

2.1 전과정평가란 무엇인가? | 23

2.2 전과정평가의 역사와 발전 | 25

2.3 전과정평가의 중요성 및 활용 분야 | 28

3. 전과정평가 방법론 34

3.1 목적 및 범위 정의 | 36

3.2 전과정 목록 분석 | 59

3.3 전과정 영향 평가 | 79

3.4 해석 | 97

4. LCA의 적용 분야 110

4.1 친환경 제품 설계(Eco-Design) | 111

4.2 탄소국경조정제도(CBAM) | 122

4.3 EU 배터리 규정과 자동차 전과정평가 동향 | 129

4.4 LCA의 경제 및 사회적 접근 | 137

1.
기후위기와 탄소중립 시대

학습목표

- 기후위기의 심각성을 이해하며, 탄소중립의 개념과 국제적 노력을 학습한다.
- 생애주기적 사고(Life Cycle Thinking)를 활용한 탄소중립 접근법을 이해한다.

1.1 기후위기의 문제

세계기상기구에서 1979년부터 지구온난화 문제가 논의된 지가 40여 년이 지난 상황에서 오늘날의 지구 환경 문제가 고민을 시작한 시기보다 나아진 점을 찾아보기는 힘들다. 폭염, 폭설 등 극한 기후 현상이 다양한 지역에서 발생하고 있으며 기후 패턴의 변화가 일어나 사람들의 생활에 피해가 늘어나고 있는 상황이다. 미국 항공우주국(National Aeronautics and Space Administration, NASA)에서 제공하는 'Vital Signs of the Planet'의 자료를 확인하면 CO_2 농도가 2005년에 379ppm에서 2022년 기준 418ppm으로 상승하였고, 지구의 온도 역시 1880년에 비해 1.01℃ 상승하였다. 해수면은 1994년에 비해 10.16cm 상승하는 등의 지구 전체의 변화가 지속적으로 발생하고 있다. 대한민국의 경우 역시 지난 30년 동안 우리나라 해수면이 매년 3.12mm씩 높아지고, 각 지역별 특산물로 여겨지는 과일들의 주산지도 해가 지날수록 조금씩 이동하여 최근에는 열대 과일이 재배가 가능한 지역도 나타나고 있다.

기후변화에 관한 정부 간 협의체(Intergovernmental Panel on Climate Change, IPCC) 6차 보고서에 따르면 1850~1900년 대비 기온이 1.5℃ 높아질 경우 10년 빈도 가장 더운 날 기온이 현재보다 1.9℃ 증가할 것이고, 10년 빈도 가뭄 발생 증가 확률이 2배, 10년 빈도로 비가 많이 내린 날의 발생 빈도 증가 확률이 1.5배, 눈 덮임 면적의 감소가 5%, 열대 사이클론 강도의 증가율이 10%가 될 것으로 예측하였다.

2023년 세계경제포럼에서 논의된 글로벌 리스크 자료를 살펴보면, 향후 2년간 인류를 위협할 단기 리스크 10개 중 환경과 관련된 것이 5가지(1. 자연재해와 이상기후, 2. 기후 완화 실패, 3. 대규모 환경 피해, 4. 기후 적응 실패, 5. 천연자원 위기) 였으며, 향후 10년간 인류를 위협할 장기 리스크 10개 중에서도 환경 관련 문제는 5개(1. 기후 완화 실패, 2. 기후 적응 실패, 3. 생물다양성 손실 및 생태계 붕괴, 4. 천연자원 위기, 5. 대규모 환경 피해)를 차지하고 있다.

이러한 암울한 예측에도 불구하고, 기후위기에 대한 실질적인 대응이 매

지구 평균기온 상승 시나리오에 따른 지구 기후 시스템의 반응

지구 평균기온 1850~1900년 대비 기온상승(℃)	+1.1℃ 현재	+1.5℃	+2℃	+4℃
최고기온 10년 빈도 가장 더운 날 기온	+1.2℃ (+0.7~1.5℃)	+1.9℃ (+1.3~2.3℃)	+2.6℃ (+1.8~3.1℃)	+5.1℃ (+4.3~5.8℃)
극한기온 발생빈도	4.8배 (2.3~6.4)	8.6배 (4.3~10.7)	13.9배 (6.9~16.6)	39.2배 (27.0~41.4)
가뭄 10년 빈도 가뭄 발생 증가	1.7배 (0.7~4.1)	2.0배 (1.0~5.1)	2.4배 (1.3~5.8)	4.1배 (1.7~7.2)
강수량 10년 빈도로 비가 많이 내린 날의 발생빈도 증가	1.3배 (1.2~1.4)	1.5배 (1.4~1.7)	1.7배 (1.6~2.0)	2.7배 (2.3~3.6)
적설면적	-1% (-3~1)	-5% (-7~2)	-9% (-13~2)	-26% (-31~-18)
태풍 강도 열대 저기압 사이클론 강도의 증가율	-	+10%	+13%	+20%

그림 1-1. 기온 상승에 따른 지구 기후 시스템 반응

2024년 글로벌 리스크 비교

	현재의 글로벌 위기 요인		향후 2년 내 직면할 글로벌 위기 요인		향후 10년 내 직면할 글로벌 위기 요인
1	기상 이변 Extreme weather events	1	역정보 및 허위정보 Misinformation and disinformation	1	기상 이변 Extreme weather events
2	AI가 생성한 역정보 및 허위정보 AI-generated misinformation and disinformation	2	기상 이변 Extreme weather events	2	급격한 지구 시스템 변화 Critical change to Earth systems
3	사회·정치 양극화 Societal and/or political polarization	3	사회 양극화 Societal polarization	3	생물다양성 손실 및 생태계 붕괴 Biodiversity loss and ecosystem collapse
4	생활비 위기 Cost-of-living crisis	4	사이버 위협 Cyber insecurity	4	천연자원 부족 Natural resource shortages
5	사이버 위협 Cyberattacks	5	국가 간 무력 충돌 Interstate armed conflict	5	역정보 및 허위정보 Misinformation and disinformation
6	경기 침체 Economic downturn	6	경제적 기회 불평등 Lack of economic opportunity	6	AI 기술의 부작용 Adverse outcomes of AI technologies
7	핵심 상품 및 자원의 공급망 붕괴 Disrupted supply chains for critical goods and resources	7	인플레이션 Inflation	7	비자발적 이주 Involuntary migration
8	국가 간 무력 충돌 확대 및 발발 Escalation or outbreak of interstate armed conflict(s)	8	비자발적 이주 Involuntary migration	8	사이버 위협 Cyber insecurity
9	핵심 인프라에 대한 공격 Attacks on critical infrastructure	9	경기 침체 Economic downturn	9	사회 양극화 Societal polarization
10	식량 공급망 붕괴 Disrupted supply chains for food	10	오염 Pollution	10	오염 Pollution

위기요인 분류 환경 경제 지정학 기술 사회

출처 Global Risk Report 2024

그림 1-2. 2024년 글로벌 리스크 목록

우 어려운 것이 현실이다. 여러 자료를 보면 1.5℃ 기온 상승 시점이 2030년 중후반으로 전망되고 있으며, 심지어 2022년부터 2026년까지 적어도 1년은 사상 가장 더운 해로 기록될 것이라는 분석까지 보고되고 있다.

기후위기에 대응하기 위한 전 지구적 노력은 꾸준히 이어져 오고 있다. 1992년 리우 기후변화협약 체결을 시작으로, 1997년 교토의정서 채택, 2005년 교토의정서 발효, 2015년 파리협정 채택, 2016년 파리협정 발효 등 다양한 국가들이 협력하여 기후 문제 해결을 위해 노력해 왔다. 특히 2018년 10월, IPCC는 '지구온난화 1.5도 특별보고서'를 발표하며, 2030년까지 2010년 대비 이산화탄소 배출량을 45% 감축하고, 2050년까지 세계 탄소 순배출량을 0으로 만들어야 한다는 '탄소중립' 목표를 제안하였다.

1.2 탄소중립을 위한 노력

2019년 유럽연합(European Union, EU)을 시작으로 2020년 한국, 중국, 일본, 그리고 2021년 미국이 탄소중립을 선언하며 기후변화 대응에 대한 국제 사회의 의지를 표명했다. 특히, 2021년 영국 글래스고에서 열린 제26차 유엔기후변화협약 당사국총회(Conference of the Parties, COP26)에서는 지구 온도 상승 억제 목표를 1.5℃로 제한하고 기후행동을 강화하기로 하였다. 또한, 저감장치 없는 석탄발전과 비효율적 화석연료 보조금의 단계적 감축을 합의하여 지속적이고 실효성 있는 탄소중립 정책의 실천을 강조하였다.

이러한 전 세계적인 흐름에 발맞춰 각국에서는 탄소중립 달성을 위한 다양한 관련 정책들을 활발히 실행하고 있다.

유럽의 경우 유럽 그린딜(Europe Green Deal) 정책 계획을 제시하여 '지속가능한 미래를 위한 EU 경제의 변화'를 위해 기후변화 대응 목표를 상향 조정함과 동시에 이를 달성하기 위한 6대 분야별 정책 계획을 제시하였다. 2019년 12월 발표되었으며 2050년까지 유럽을 탄소중립 대륙으로 만드는 것을 목표로 한다. 주요 내용으로는 모든 경제 활동에서 발생하는 탄소 배출을 최소화하고, 남은 배출량은 탄소 흡수원을 통해 상쇄하는 것을 포함하고 있으며, 지속가능한 경제 성장을 촉진하고, 녹색경제로의 전환 과정에서 새로운 일자리를 창출하는 내용을 담고 있다. 재생 가능 에너지, 에너지 효율성, 지속가능한 농업 분야 등 다양한 분야에서 변화를 계획하고 있으며, 자원 효율성 증가, 순환 경제를 촉진하여 자원의 낭비를 줄이고 재사용과 재활용을 장려하고 있다. 또한 생태계를 보호하고 복원하며, 생물다양성을 증진하기 위한 다양한 정책을 시행하며, 자연 서식지의 보호, 토양 및 수질 개선 등을 포함한다. 세부사항으로는 EU가 법적으로 2050년까지 탄소중립을 달성할 것을 명시한 기후법을 제정하였다. 이는 회원국들이 공동의 목표를 달성하기 위해 노력해야 함을 의미한다. EU는 탄소 배출 규제가 덜한 국가로 생산이 이전되는 탄소 누출(Carbon Leakage)을 방지하기 위해 탄소국경조정제도(CBAM, Carbon Border Adjustment Mechanism)를 도입하여 탄소 배출 비용을 수입품에 부과한다. 이와 함께 태양광, 풍력, 수력 등 재생 가능 에너지의 비중을 높이고, 에너지 효율성을 향상시키기 위한 다양한 지원 정책을 추진한다. 또한, 친환경 교통 수단을 장려하고 전기차 인프라를 확대하며, 대중교통 시스템을 개선하는 것을 의미한다. 농업 부문에서의 지속가능성을 높이기 위해 친환경 농업을 장려하고, 농업 활동에서의 탄소 배출을 줄이는 정책을 추진 중이다. 마지막으로, 기술 및 혁신을 지원하기 위해 연구개발(R&D) 투자도 강화하며, 새로운 기술의 개발과 상용화를 촉진하고 있다.

미국은 탄소중립 목표를 인플레이션 감축법(Inflation Reduction Act, IRA)과 연계하여 추진하고자 한다. IRA는 기후변화 대응과 경제 안정화를 동시에 추구하는 핵심 정책 수단으로, 기후변화 대응을 위한 대규모 투자와 인플레이션 완화를 위한 다양한 조치를 포함하고 있다. 주요 내용은 다음과 같다. 첫째, 재생 가능 에너지 프로젝트에 대한 대규모 투자를 촉진한다. 이는 태양광, 풍력, 수력 등 청정에너지 개발을 위한 세액 공제와 보조금을 포함하며, 탄소 배출 저감, 에너지 비용 절감, 에너지 안보 강화에 기여한다. 둘째, 건물과 산업 부문에서의 에너지 효율성 향상을 위한 다양한 인센티브를 제공한다. 이는 에너지 사용량을 줄이고 비용 절감 효과를 기대할 수 있다. 셋째, 전기차 구매에 대한 세액공제와 충전 인프라

확충 등 청정 교통수단에 대한 지원을 강화한다. 이는 교통 부문의 탄소 배출을 줄이고 연료비 절감 및 대기질 개선에 기여한다. 넷째, 저소득층과 소외 지역사회가 기후변화에 대응하고 적응할 수 있도록 지원하는 기금을 조성한다. 이를 통해 기후변화에 가장 취약한 계층을 보호하고, 사회적 불평등을 완화할 수 있다. 따라서 IRA는 탄소중립을 위한 다양한 정책과 투자 프로그램을 포함하고 있어, 2050년까지 탄소중립을 달성하려는 미국의 목표를 실현하는 데 있어 상호 보완적인 역할을 할 수 있다.

국내의 경우, 2021년 탄소중립 녹색성장 기본법에 따라 2023년에 국가 탄소중립·녹색성장 기본 계획을 세웠다. 2030년까지 온실가스를 2018년 대비 40% 감축하고, 2050년까지 탄소중립을 달성하는 것이 목표이다. 기본 전략으로는 온실가스 감축, 녹색 경제 활성화, 기후 적응력 강화, 공정 전환, 국제 협력 확대 등이 있으며, 에너지, 산업, 교통, 건물, 농림·수산 분야에서 세부 계획이 추진되고 있다. 에너지 분야에서는 재생에너지 확대, 석탄발전 축소, 수소 경제 활성화가 진행되고, 산업 분야에서는 철강·석유화학 등 탄소 집약적 산업에서 저탄소 공정 전환 및 탄소 포집·활용·저장(CCUS) 기술의 상용화가 포함된다. 교통 분야는 전기차·수소차 보급 확대, 친환경 버스·철도 시스템 구축이 계획되었으며, 건물 분야는 제로에너지 건물 확대와 스마트 그리드 기술 적용이 고려되었다. 마지막으로 농림·수산 부분에서는 산림 및 해양을 탄소 흡수원으로 활용하기 위한 관리 강화 방안이 포함된다. 또한, 지역 단위의 탄소중립 목표 달성을 위해 지자체별로 '탄소중립센터'를 설립해서 운영하고 있다. 주요 역할로 국가 및 지방 단위의 탄소중립 전략과 계획을 수립하고, 탄소 배출량 모니터링 시스템 구축 및 데이터 제공, 기업의 ESG 활동 지원 등의 역할을 수행한다.

1.3 생애주기적 사고를 활용한 탄소중립

기후위기를 해결하기 위한 방안으로 탄소중립 개념이 도입되었으며, 이를 실현하기 위해 다양한 방법이 고려되고 있다. 그중 하나의 방법으로 생애주기적 사고(Life Cycle Thinking)를 적용한 접근법을 생각해 볼 수 있다. 생애주기란 사람, 제품, 조직, 생태계 등 다양한 대상이 탄생부터 소멸에 이르기까지 거치는 일련의 변화 단계를 의미한다. 예를 들어, 사람의 경우 아기로 태어나서 성장하고, 유아기·청소년기를 거쳐 성인이 되며, 이후 노화 과정을 거쳐 생을 마무리한다. 제품의 경우에도 필요한 원료를 자연에서 채취하여 가공하고, 필요한 부품들과 조합하여 제품을 만든 뒤 소비자가 사용하고, 마지막에는 폐기되는 일련의 과정을 의미한다. 따라서 생애주기적 관점에서 탄소중립을 바라보면 우리는 탄소순환(Carbon Cycle)을 고려하여 각 단계에서의 탄소 배출과 흡수를 체계적으로 평가하고 관리할 수 있다.

탄소 순환은 지구 생태계에서 탄소가 다양한 형태로 이동하며 순환하는 과정을 의미한다. 탄소는 지구상 모든 생명체를 구성하는 주요 요소로, 생명 유지와 지구 시스템의 작동에 있어 중요한 역할을 한다. 이를 통해 탄소가 대기, 토양, 생명체, 해양, 그리고 인간 활동에 의해 이동하는 과정을 설명할 수 있으며, 식물, 동물, 미생물, 지구 내의 광물, 그리고 대기 간의 탄소 이동을 이해함으로써 지구 생태계와 기후에 대한 이해의 폭을 넓힐 수 있다.

대기 중의 탄소는 주로 이산화탄소(CO_2) 형태로 존재하며, 식물은 광합성을 통해 이산화탄소를 흡수하고 이를 유기물로 전환한다. 동물은 이러한 식물을 섭취함으로써 체내에 탄소를 축적하고, 호흡을 통해 일부를 다시 이산화탄소 형태로 대기 중에 방출한다. 이와 동시에, 식물이나 동물이 사멸하면 박테리아와 곰팡이 같은 미생물에 의해 유기물이 분해되어 이산화탄소가 방출되거나 탄소가 토양에 저장된다. 바다는 대기 중 다량의 이산화탄소를 탄산염 형태로 저장하며, 플랑크톤 같은 해양 생물들의 광합성과 호흡을 통해 탄소 순환에 중요한 역할을 한다. 그러나 인간 활동에 필요한 화석연료의 사용은 오랜 세월 동안 지각에 저장되어 있던 탄소를 대기 중으로 배출하며, 연료의 연소로 발생하는 이산화탄소는 대기 중에 축적되어 기후변화의 주요 원인이 된다. 따라서 생애주기적 관점에서 탄소중립은 기존에 안정적으로 작동하던 지구 탄소순환 시스템의 균형을 깨트리는 요인을 분석하고, 이산화탄소의 과잉 배출 원인을 규명하여 해결하려는 노력이라고 할 수 있다.

인간활동에 의한 이산화탄소 과잉공급 문제를 해결하기 위한 방안으로, 지구 규모가 아닌 인간의 사회활동 규모에서 다시 생애주기적 관점을

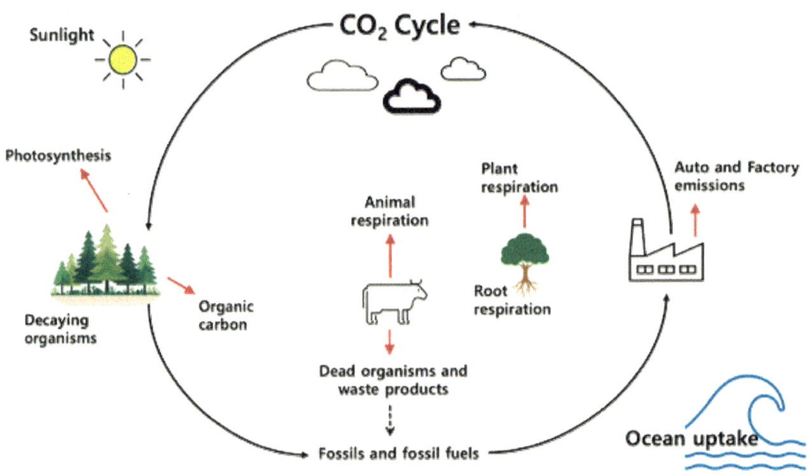

그림 1-3. 탄소 순환 그림

적용해 볼 수 있다. 앞에 언급한 사람의 생애주기에 따른 이산화탄소 발생량을 고민해 볼 수 있으며, 더 작은 단위로는 사람이 사용하는 제품 또는 서비스의 수준까지 내려가 이산화탄소 발생에 대한 고민을 할 수 있다. 이때, 각 단계를 자원 추출 단계, 생산 및 제조 단계, 운송 단계, 사용 단계, 폐기 및 재활용 단계 등으로 세분화하고, 단계별로 발생하는 이산화탄소의 양을 체계적으로 평가할 경우, 탄소 배출을 줄이기 위한 전략을 수립할 수 있다. 특히 제품의 사용 단계에서 에너지 소비를 줄이거나, 재생 가능한 에너지를 사용하는 방식으로 전환하면, 장기적으로 이산화탄소 배출량을 줄일 수 있다.

이처럼 생애주기 관점을 활용하면, 기후변화 완화와 지속가능한 개발을 위한 통합적 관점에서 문제를 바라볼 수 있으며, 단편적인 해결책에서 벗어나 중장기적인 탄소중립 달성 방안을 제시할 수 있다.

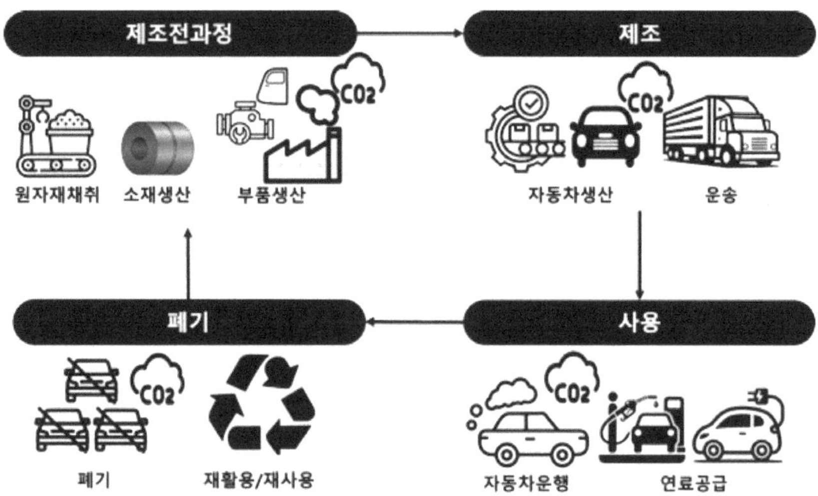

그림 1-4. 인간활동 - 제품 단계와 연관된 그림

단원정리

1. 기후위기의 문제

- 지구온난화 및 대기 중 이산화탄소 농도 증가
- 극한 기후 현상의 빈도와 강도 증가: 폭염, 폭설, 가뭄 등
- IPCC 제6차 평가보고서(AR6)의 기후변화 예측:
  - 지구 평균기온 1.5℃ 상승 시 가뭄 발생 빈도 2배 증가
  - 열대 사이클론 강도 10% 증가
- 글로벌 리스크: 단기 및 장기적으로 환경 문제가 주요 리스크로 자리 잡음.

2. 탄소중립을 위한 국제적 노력

- 국제 협약 및 선언
  - 1992년 리우 기후변화협약, 2015년 파리협정
  - 2030년까지 CO_2 45% 감축, 2050년 탄소중립 달성
- 주요 국가별 탄소중립 정책
  - EU: 유럽 그린딜, 탄소국경조정제도(CBAM), 재생에너지 확대 및 지속가능한 농업 촉진
  - 미국: 인플레이션 감축법(IRA), 청정 에너지 투자, 전기차 인프라 및 보급 확대
  - 한국: 탄소중립·녹색성장 기본법(2021), 2030년 온실가스 40% 감축 목표

3. 생애주기적 사고를 활용한 탄소중립 접근

- 생애주기적 사고(LCT)
  - 제품과 서비스의 전 과정을 평가하여 환경영향을 최소화하는 접근법
- 탄소순환
  - 대기, 토양, 생명체, 해양에서의 탄소 흐름 이해
- 인간 활동의 생애주기 단계
  - 자원 추출, 생산·제조, 운송, 사용, 폐기·재활용
  - 각 단계에서 발생하는 CO_2 평가, 저감 방안 및 기술 적용 전략 수립

읽을거리

(1) 기후변화에 관한 정부간 협의체(IPCC)(2023). 기후변화 2023 종합보고서.

(2) World Economic Forum(2023). Global Risks Report 2023.

(3) 유럽연합(EU)(2023). 그린딜 산업계획의 주요 내용과 시사점.

(4) 유럽연합(EU)(2023). EU 탄소국경조정제도(CBAM) 현황 및 대응방안. [별첨 문서].

(5) 미국 연방정부(U.S. Government)(2023). 인플레이션 감축법(IRA)의 청정에너지 진흥 방안과 시사점.

(6) 대한민국 정부(2023). 국가 탄소중립·녹색성장 기본계획.

2.
전과정평가 소개

학습목표

- 전과정평가의 개념을 이해하고 역사와 발전 과정을 탐구한다.
- 전과정평가의 중요성 및 한계점을 파악한다.

2.1 전과정평가란 무엇인가?

전과정평가(Life Cycle Assessment, LCA)는 제품, 공정 또는 서비스의 전체 생애주기에 걸쳐 발생하는 잠재적인 환경영향을 체계적으로 평가하는 방법론이다. 제품의 경우, 원료의 채취, 생산, 유통, 사용, 재활용 또는 최종 폐기까지 모든 단계를 포함하며, 이 과정에서 소비되는 자원과 배출되는 물질을 정량적으로 분석한다. 일반적인 전과정평가 방법은 제품 또는 서비스에서 포함되는 각 단계별 투입되는 공정, 재료, 자원(에너지, 물)을 모두 조사하고, 투입되는 물질의 원료 단계까지 고려하여 '공급망'을 분석하는 과정까지 포함한다.

예를 들면 알루미늄 캔을 대상 제품으로 할 경우, 캔의 주원료인 알루미늄을 광산에서 채굴하고 추출하는 과정에서 사용되는 에너지와 재료, 추출된 알루미늄을 운반해서 가공 공장으로 이동할 때 사용되는 에너지와 재료, 공장에서 다시 열을 가해서 가공하기 쉬운 철판 형식으로 만들 때의 에너지와 재료, 이후 캔을 만드는 공장에서 캔 형태로 알루미늄을 가공하기 위해 사용하는 에너지와 재료, 소비자에게 판매할 때 공장에서 가정 또는 마켓까지 이동 시 필요한 에너지와 재료, 소비자가 사용 후 캔을 폐기하거나 재활용하는 과정에서 필요한 에너지와 재료 등을 모두 고려하여 분석할 수 있다. 이처럼 단계별로 소비·배출되는 물질과 자원을 정량적으로 분석하고 나면, 각 단계에서 발생하는 환경영향을 평가할 수 있으며, 이는 지속가능한 제품 설계 및 정책 수립에 활용된다.

전과정평가에서 말하는 환경영향이란 자원 소비뿐만 아니라 수질·대기·토양 오염 등 생태계에 미치는 영향 전반을 의미한다. 더 확장된 의미로는 방사능 오염, 생태 독성 등도 포함된다. 예를 들면, 자원 소비 환경영향은 천연자원의 사용량을 나타내는 지표이며 이는 자원의 고갈 및 생태계 파괴와 연관된다. 공정에서 수계 또는 대기로 배출되는 화학물질이나 중금속 등은 생태계와 인간 건강에 악영향을 미치는 요소로 평가할 수 있다.

이처럼 전과정평가의 고유한 특징은 제품을 만들기 위한 원료 채취 단계에서부터 사용 후 폐기단계까지 전체 생애주기 관점에 초점을 맞추기 때문에 단계별로 발생되는 단편적 문제해결이 아닌 제품을 생산하고 사용함에 따라 발생되는 환경문제를 방지하고 통합적으로 관리하는 데 유용하다. 예를 들면, 제품 제조 단계에서 물 사용량을 줄여 수자원 관련 환경영향을 감소시켰다고 하더라도, 추가적인 공정으로 인해 에너지 사용으로 인한 이산화탄소 발생량 증가와 관련된 환경영향 결과를 동시에 얻을 수 있다. 따라서, 제품의 환경적 영향 개선을 고려할 때는 하나의 측면만이 아닌 여러 가지 주요 영향 항목에 대해 예측·분석해야 하며, 전과정평가 결과는 의사결정을 위한 핵심 자료로 활용될 수 있다.

그러나 전과정평가는 몇 가지 한계점을 가지고 있다. 첫 번째로 아무리 신중하게 수집·해석·평가·측정 하더라도 전과정평가 결과는 "실제" 정답이 아니다. 즉, 이는 의사결정을 위한 유용한 조언을 제공할 수는 있지만, 절대적인 답안을 제시할 수는 없다. 과학적 사실과 수치적인 분석을 통해 환경영향을 예측하긴 하지만, 그 결과는 잠정적인 영향에 대한 결과를 제시하는 것으로 실제로 결과에 대한 현상이 발생한다고 단언할 수가 없다. 다음으로는 투명성과 판단이 요구되는 해석이 항상 필요하다는 점이다. 하나의 제품은 여러 환경영향을 발생시키기 때문에, 전과정평가를 실행한 분석자의 관점에 따라 해석 결과의 차이가 발생할 수 있다. 따라서 모든 자료는 공개되어야 하며, 분석 과정에서 사용한 가정과 한계 조건도 명시해야 한다. 세 번째로는 데이터 집약적인 특성으로 인해 데이터의 품질에 따라 결과가 달라질 수 있다는 점이다. 전과정평가를 하는 과정에서 얻어지는 데이터는 같은 제품이라 하더라도 수집한 데이터의 시간적, 공간적 차이에 의해 결과가 달라질 수 있으며, 동일 항목의 데이터라 하더라도 정확도와 세부 정보 수준 등의 품질에 따라 결과의 차이가 발생할 수 있다. 또한 모든 환경영향을 완전히 파악하는 것은 불가능하며 과학적으로 입증된 수치화 모델이 있는 경우에만 잠정적 영향에 대한 평가가 가능하다. 마지막으로 전과정평가 결과를 단일 스코어 또는 수치로 명시할 기준의 과학적 근거가 없는 점이다. 특성화 단계까지는 수치적인 정량성과 학계에서 인정받은 모델을 활용해 환경영향을 평가할 수 있지만, 정규화와 가중화를 통해 결과를 단순화할 경우 다양한 환경영향이 단일화된 수치로 해석되어 이해가 쉬울 수 있으나 각기 다른 특성을 가진 환경영향을 하나의 관점으로 통합할 수 있는 타당한 근거를 제시하기가 어렵다.

2.2 전과정평가의 역사와 발전

전과정평가 개념을 처음 사용한 것으로 알려져 있는 것은 코카콜라 음료수 병이다. 1969년, 코카콜라는 자원소모 및 환경영향을 최소화할 수 있는 음료수 병을 찾는 것을 고민하였고, 사람, 동물, 식물과 자원고갈에 대한 내용을 포함한 보고서를 완성하였다. 이후 이러한 접근은 Resource and environmental profile analysis(REPA)라는 이름으로 명명되어 제품 생산 방식, 포장지 선택 등과 같이 에너지 사용과 환경영향을 줄이기 위한 의사결정 도구로 사용되었으며 1970년대부터 1980년대 후반까지 활발한 연구가 진행되었다.

1990년에 이르러, 기존에 산발적으로 활용되던 다양한 방법론과 데이터에 대한 통합적인 접근 방식에 대해 고민을 하기 시작하게 되었고, 1992년 네덜란드의 Leiden 대학 환경과학 연구센터(Centrum voor Milieukunde Leiden, CML)에서 CML 92이라는 통합적인 영향평가 방법론이 발표되었다. 이후 CML 92는 기후변화, 자원 고갈, 오존층 감소 등 다양한 환경영향을 정량화할 수 있는 특성화 요인을 제공하며, 전과정평가의 표준화된 접근법으로 자리매김하게 되었다. 이처럼 방법론적 기반이 확립되면서 전과정평가의 적용 범위는 급격히 확대되어 다양한 제품과 시스템을 포괄하게 되었고, 공공의 목적을 위해 수행된 연구 또한 증가하게 되었다.

국제환경독성학 및 화학회(Society of Environmental Toxicology and Chemistry, SETAC)에서 Life Cycle Assessment라는 용어를 공식적으로 사용하며 워크숍 및 포럼을 진행하였고, 1990년대 초, SETAC는 전과정평가의 4단계(목적 정의, 전과정 목록 분석, 전과정 영향 평가, 결과 해석)를 공식적으로 제안하며 표준화의 토대를 마련하였다. SETAC의 가이드북과 핸드북은 국제표준화기구(The International Organization for Standardization, ISO) 표준이 발표되기 전까지 학계와 산업계에서 널리 참조되었다.

1997년에는 ISO에서 전과정평가의 원칙과 체계를 최초로 규정한 표준을 발행하며 국제적인 활동이 활발해졌다. ISO 14040 시리즈는 전과정평가 수행의 주요 단계와 방법론적 요구사항을 명확히 정의하며, 국제적으로 통용될 수 있는 기준을 제공하였다. 이후 ISO 14044, ISO 14045 등 후속 표준이 개발되면서, LCA의 적용 가능성과 신뢰성이 더욱 강화되었다.

전과정평가용 데이터베이스와 소프트웨어도 빠르게 발전하였다. 초기에는 데이터 수집이 수동적이고 제한적이었으나, 현대에는 Ecoinvent, ELCD, Agri-footprint와 같은 대규모 데이터베이스가 등장하여 다양한 산업 데이터를 신뢰성 있게 제공하고 있다. 또한, GaBi와 SimaPro 같은 소프트웨어는 복잡한 전과정평가를 자동화하고, 데이터 시각화 및 보고 기능을 강화하여 다양한 산업 분야에서 널리 사용되고 있다. 최근에는 OpenLCA와 같은 오픈소스 도구가 개발되어, 경제적이고 접근성이 높은 대안을 제공하고 있다.

2002년, 유엔환경계획(United Nations Environment Programme, UNEP)과 SETAC은 Life Cycle Initiative를 시작하여 글로벌 전과정평가 네트워크를 구축하고, 저소득국 및 개발도상국에서 전과정평가 확산을 지원하였다. 이를 통해 데이터 품질 향상, 방법론 통합, 지역적 데이터의 해소에 기여하였다. 2005년에는 유럽연합(EU)이 European Platform on LCA를 설립하여, 품질이 보증된 전과정평가 데이터 제공 및 실용적인 방법론 연구를 통해 EU의 공공 정책과 비즈니스 의사결정을 지원하고 있다. 미국 환경보호청(US EPA) 또한 'TRACI'와 같은 모델을 통해 환경영향평가를 수행하며, 친환경 제품 인증 및 정책 결정에 LCA를 적극 활용하고 있다.

전과정평가는 초기에는 포장재, 플라스틱, 화학 제품과 같은 특정 산업에 주로 적용되었으나, 점차 자동차, 전자제품, 에너지, 농업, 건설 등 다양한 산업으로 확대되었다. 예를 들어, 전기차 배터리의 환경영향을 분석하거나, 재생 가능 에너지 시스템의 지속가능성을 평가하는 데 전과정평가가 사용되고 있다. 이러한 확대는 지속가능성 목표를 달성하기 위한 과학적 의사결정 도구로서 LCA의 중요성을 강조하고 있다.

사회적 및 경제적 요소와의 통합도 이루어지고 있다. 전과정 비용 분석(Life Cycle Costing, LCC)와 전과정평가를 결합하여, 제품과 서비스의 경제적 및 환경적 영향을 동시에 평가하는 연구가 활발히 진행되고 있다. 또한, 사회적 전과정평가(Social Life Cycle Assessment, S-LCA)는 지속가능성의 세 가지 축(환경, 사회, 경제)을 모두 고려하는 통합적 접근법으로 주목받고 있다.

2.3 전과정평가의 중요성 및 활용 분야

전과정평가는 환경영향에 대한 정량적 데이터를 제공함으로써, 기업이 지속가능성을 촉진하는 생산활동, 재료 선택 및 제품 설계에 대한 증거 기반 의사 결정을 내리는데 도움이 된다. 또한, 제품 생산 또는 서비스로부터 발생할 수 있는 일반적인 환경영향을 산정하고, 전과정평가의 대상 범위를 넘어 연관된 시스템 간의 관계까지 분석할 수 있다. 이러한 적용은 개선을 목표로 하며, 앞으로 발생할 수 있는 영향을 고려한 의사결정에 활용된다.

일반적으로 전과정평가가 활용되는 분야는 다음과 같다.

(1) 비용 절감

원자재 획득부터 최종 제품 배송에 이르기까지, 제품의 환경적 및 경제적 영향을 평가함으로써 잠재적인 운영 효율성을 파악하는 데 도움을 준다. 데이터 기반 접근방식은 자원 사용 최적화, 전력 소비 감소, 폐기물 생성 및 배출 감소 등을 통해 운영 효율성을 향상시킨다.

(2) 제품 생산 또는 서비스에 대한 적합한 대안 제공

의사결정자에게 시스템에 대한 전반적인 분석결과를 제시함으로써, 환경영향이 적은 대안을 탐색하고 선택할 수 있게 한다.

(3) 제품 또는 활동 개발 및 개선

원자재, 가공 및 생산 과정을 환경적·사회적·경제적 기준으로 분석하여 지속가능한 제품이나 디자인을 구축하는 데 도움을 준다. 또한, 전과정평가 기반 정보를 공개하여 얻는 신뢰성은 비즈니스와 브랜드에 대한 인식을 긍정적으로 변화시킬 수 있으며, 이는 상품 구매에 유리한 영향을 미칠 것이다.

(4) 환경영향평가

각 생애주기 단계에서 물, 토양, 대기 환경으로 배출되는 오염물질의 양을 정량화하고, 이를 통해 지역 및 글로벌 수준에서의 잠재적 영향을 평가하는 데 기여한다.

앞서 본 것처럼, 전과정평가는 모든 제품, 프로세스 또는 서비스의 환경적 영향을 이해하는 데 도움이 되는 분석 도구로서, 전 생애주기를 고려하여 개선 영역을 식별하고 보다 지속가능한 실행을 촉진하는 포괄적인 관점을 제공한다. ISO 14040에 따르면, 전과정평가는 그 목적에 따라 다음과 같은 방식으로 활용될 수 있다.

(1) 개선 가능성의 식별

전과정평가는 제품, 프로세스, 서비스에서 환경적 영향을 줄일 수 있는 개선 영역을 식별하는 데 활용된다. 예를 들어, 자원 소모가 많은 단계에서는 대체 재료를 찾거나, 에너지 효율성을 높이는 설계를 고려할 수 있다. 이를 통해 환경영향을 최소화하고 지속가능한 실행을 지원할 수 있다.

(2) 의사결정 지원

전과정평가는 제품 설계, 프로세스 최적화, 정책 개발 등 다양한 의사결정 과정에 활용될 수 있다. 기업은 전과정평가 데이터를 기반으로 친환경 제품을 개발하고, 규제 요구사항을 준수하며, 고객의 니즈에 부합하는 전략을 수립할 수 있다. 공공 정책 결정에서는 환경영향을 정량화함으로써, 규제 및 지원 정책 도출에 기여할 수 있다.

(3) 환경 성과 지표의 선택

환경 성과를 평가하고 모니터링하기 위한 적절한 지표를 선택하는 데 활용될 수 있다. 예를 들어, 탄소 발자국, 물 발자국, 에너지 소모량 등의 지표를 통해 제품 또는 프로세스의 환경 성과를 측정하고 개선할 수 있다. 이를 통해 환경 경영 및 지속가능성 보고의 신뢰성을 높일 수 있다.

(4) 환경성 주장 및 인증

전과정평가는 제품 또는 서비스의 환경적 우수성을 입증하는 데 활용된다. 기업은 전과정평가 결과를 바탕으로 친환경 인증을 획득하거나, 지속가능성에 대한 시장 요구를 충족하는 제품을 홍보할 수 있다. 이는 기업의 경쟁력을 강화하고 소비자 신뢰를 높이는 데 기여할 수 있다.

(5) 학습과 역량 강화

전과정평가는 조직 내부에서 환경영향을 이해하고 지속가능성의 중요성을 학습하는 데 유용하다. 직원 교육, 연구 활동, 새로운 접근법 개발 등을 통해, 환경 의식과 기술적 역량을 동시에 향상시킬 수 있다.

단원정리

1. 전과정평가란 무엇인가?

- 전과정평가는 제품, 공정, 서비스의 생애주기 전체를 고려하여 환경적 영향을 체계적으로 평가하는 방법론
- 원료 채취, 생산, 유통, 사용, 재활용, 폐기 단계까지의 자원 소비와 환경 영향 분석
- 목표는 통합적 관리와 지속가능한 설계를 통해 단편적인 문제 해결이 아닌 종합적인 환경영향 감소 도모

2. 전과정평가의 역사와 발전

- 1969년, 코카콜라의 REPA 프로젝트를 기점으로 전과정평가 개념 시작
- 1992년, CML 92가 개발되며 체계적인 영향 평가 방법론 확립
- ISO 14040 시리즈와 SETAC의 가이드라인은 전과정평가의 표준화와 국제적 확산 촉진
- 데이터베이스(Ecoinvent, ELCD)와 전문 소프트웨어(GaBi, SimaPro)의 발전으로 인해 전과정평가 수행이 더욱더 용이해짐.

3. 중요성 및 활용 분야

- 비용 절감: 자원 사용 최적화와 에너지 효율 개선을 통해 운영 효율성 향상
- 대안 제시: 환경영향을 최소화하는 제품 설계 및 공정 최적화 지원
- 환경영향 평가: 제품 및 서비스의 전 생애주기에서 환경영향을 정량적으로 평가
- 환경성 주장: 친환경 인증과 지속가능성 홍보를 통해 기업 경쟁력 강화
- ISO 14040에 따른 전과정평가의 목적
  - 개선 가능성의 식별: 환경적 영향을 줄일 수 있는 개선 영역 파악
  - 의사결정: 제품 설계, 공정 최적화, 정책 개발 등 다양한 의사결정 지원
  - 환경 성과 지표의 선택: 적합한 환경 성과 지표 설정 및 모니터링
  - 학습: 환경영향 및 지속가능성에 대한 이해 및 내부 교육에 활용

읽을거리

(1) 국제표준화기구(ISO)(2006). ISO 14040:2006 - Environmental management - Life cycle assessment - Principles and framework. International Organization for Standardization.

(2) 한국산업표준(KS). KS I ISO 14040 - 환경경영 - 전과정 평가 - 원칙 및 체계. 한국표준협회.

(3) Hunt, R. G., Sellers, J. D., & Franklin, W. E.(1992). Resource and environmental profile analysis: A life cycle environmental assessment for products and procedures. Environmental Impact Assessment Review, 12(3), 245 - 269.

(4) Life Cycle Assessment ISO 14040 시리즈 실무지침.

3.
전과정평가 방법론

전과정평가는 ISO 14040 및 14044와 같은 국제 표준에 따라 수행되며, 이들 표준은 실행을 위한 지침과 요구 사항을 제공한다. 전과정평가는 4단계로 구성되며, 목적 및 범위정의(Goal and Scope Definition), 전과정 목록분석(Life Cycle Inventory analysis, LCI), 전과정 영향평가(Life Cycle Impact Assessment, LCIA), 그리고 전과정 결과 해석(Life Cycle Interpretation)으로 이루어져 있다. 아래 그림에서 볼 수 있듯이, 각 단계는 상호 연결되어 있으며, 전과정평가 해석 단계는 평가가 완료되지 않았더라도 다른 단계와 병행하여 수행될 수 있다. 또한, 분석 자료 및 시나리오 변경에 따른 결과 확인을 위해, 전과정평가는 최적의 결과가 도출될 때까지 반복적으로 수행된다.

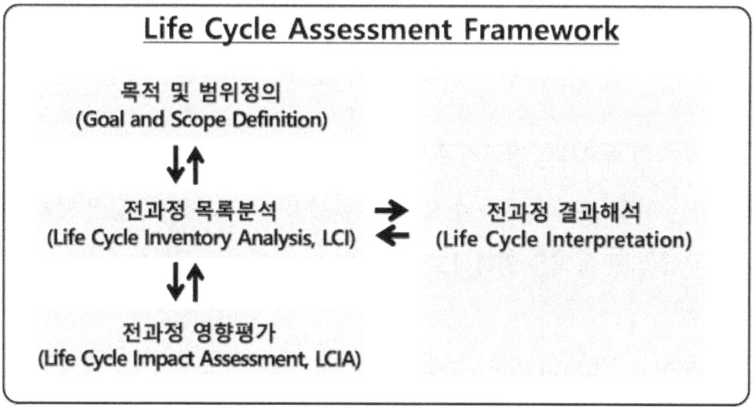

그림 3-1. 전과정평가 기본골격

전과정평가는 평가 대상 제품에 대한 데이터 수집·분석 방법, 평가 범위, 데이터의 가용성과 품질, 영향범주의 설정 등에 따라 평가의 복잡성이 달라진다. 전과정평가 결과가 도출된 후에는 결과의 신뢰성을 보장하기 위해 검증 과정을 거치며, 검증 방식으로는 내부검토(internal review), 동료검토(peer review), 제삼자 검증(third-party verification)이 있다. 이러한 검증 절차를 통하여 오류, 방법론적 결함, 불일치 등을 식별할 수 있으며, 과정의 투명성을 높이고 책임성을 강화함으로써 통하여 이해관계자, 소비자 및 규제 기관의 신뢰를 구축할 수 있다.

3.1 목적 및 범위 정의

학습목표

- 전과정평가의 목적 및 범위를 설정하는 방법을 학습하고, 세부적으로는 전과정 목록분석의 데이터 수집 범위와 전과정 영향평가의 영향범주 등의 설정을 위한 기본 개념을 이해한다.

이 초기 단계에서는 전과정평가의 목적, 범위 및 경계가 설정된다. 전과정평가는 사용 목적에 따라 수집 자료, 분석 방법, 결과 해석 등이 달라지기 때문에 연구 목적은 명확하고 구체적으로 정의되어야 한다.

(1) 목적 정의(Goal definition)

예를 들어 1) 왜 전과정평가를 수행하는가? 2) 전과정평가 결과를 어디에 적용할 것인가? 3) 결과를 전달할 대상은 누구인가?와 같은 질문을 고려한다. 이 단계에서는 환경성 비교, 환경 라벨링 인증, 친환경 제품 개발 등 전과정평가 수행의 목적이 설정된다.

- 전과정평가 수행 이유에 대한 고려사항: 제품의 환경성 평가, 두 제품

간의 비교, 제품 정보 수집(Database 구축) 등이 포함

- 전과정평가 결과 적용 대상에 대한 고려사항: 제품의 환경성 개선 기회 제공, 전략적 계획 수립, 공공정책 입안, 마케팅 등이 포함
- 결과 보고 대상에 대한 고려사항: 내부사용, 공공기관, 정부기관, 소비자 단체 등이 포함

(2) 범위 정의(Scope definition)

평가할 제품 시스템과 평가 방법을 구체적으로 설정하는 과정으로, 전과정평가 연구 전반의 방향성을 설정하고, 연구 과정에서의 신뢰성을 확보하기 위한 기초 단계이다. ISO 14044:2006에 따라서 일반적으로 다음 항목에 대해서 정의한다.

표 3-1. ISO 14044:2006의 범위 정의 항목

- 결과물 유형 정의(Deliverables)
- 평가 대상의 기능 및 기능단위 정의(Object of the assessment)
- LCI 모델링 프레임워크 및 다중 공정의 처리 방식(LCI modeling framework and handling of multifunctional processes)
- 시스템 경계 및 완전성 요구사항(System boundaries and completeness requirements)
- LCI 데이터의 대표성(Representativeness of LCI data)
- LCIA의 영향범주 및 영향평가 방법론 선정(Preparation of the basis for the impact assessment)
- 시스템 비교를 위한 특별 요구사항 명시(Special requirements for system comparisons)
- 비판적 검토의 필요성 판단(Needs for critical review)
- 결과 보고 계획 수립(Planning reporting of results)

① 결과물 유형 정의(Deliverables)

결과물 유형의 정의는 연구의 목표를 기반으로 결정되며, 그 유형에 따라 전과정 목록분석(LCI) 또는 전과정 영향평가(LCIA) 수행 범위와 수행 정도가 크게 달라질 수 있다. 일반적으로 결과물 유형은 전과정 목록분석(LCI) 구축까지만 수행하는 경우와 LCI 이후 전과정 영향평가(LCIA)까지 이어지는지로 구분할 수 있다. 전과정 목록분석(LCI) 구축 유형의 경우는 모든 입력 및 출력 데이터를 기반으로 작성되며, 이를 통해서 신뢰할 수 있는 데이터를 외부에 제공하거나, 다른 연구의 데이터 소스로 활용하는 것을 목적으로 한다. 전과정 영향평가(LCIA)의 경우는 LCI 단계에서 한 걸음 더 나아가 환경영향평가를 포함하는 결과물로써 단일 제품의 환경성을 확인하거나, 다른 대상과의 비교를 목적으로 한다. 이때에는 각 환경영향범주에 대한 수치화된 특성화 결과를 제공해야 하며, 정규화 및 가중치 부여 단계가 있을 경우 이에 대한 명확한 설명이 필요하다.

② 평가 대상의 기능, 기능단위 정의(Object of the assessment)

기능(function)은 제품이 제공하고자 하는 목적이나 용도를 의미하며, 제품의 사용처, 특성 등에 따라 하나의 제품이 여러 가지 기능을 가질 수도 있다. 예를 들면, 휴대폰은 통화, 카메라, 메모 작성 등 다양한 기능을 수행하며, 음료수 병은 음료를 저장하거나 운반하는 기능을 갖는다.

전과정평가를 수행하기 위해서는 해당 제품 또는 시스템이 제공하는 주요 기능을 명확히 정의해야 한다.

이는 단일 제품에 대한 평가에서 해당 기능을 수행하기 위해 필요한 자원과 공정을 목록 분석(LCI)하는 기준이 되기 때문이다. 또한, 두 개 이상의 제품 또는 시스템을 비교할 경우에는 동일한 기능을 제공한다는 가정

그림 3-2. 다양한 텀블러 형태와 기능

하에 전과정평가를 실시해야만 한다. 예를 들어, 텀블러의 경우 단순하게 텀블러의 재질이나 디자인으로 비교 기준이 될 수는 없고, '같은 용량의 액체를 저장하고 보온·보냉할 수 있는 기능'을 기준으로 할 경우 제품을 비교할 수 있다.

기능단위(Functional unit)의 경우는 사용자가 정의한 기능을 정량적으로 나타내는 단위로, 어떤 제품 시스템에 대한 환경성평가를 위한 정성적·정량적으로 표준화된 기준을 제공한다. 따라서 기능단위는 제품 시스템에서 생산된 제품의 기능적인 성능을 표현하여야 하며, 측정이 가능해야 한다. 또한 투입 및 산출과 관련된 기준을 제공해 주어야 하고, 단순한 물리적 양이 아니라 실제 사용 조건까지 고려해야 한다는 특징을 가진다.

텀블러를 이어서 예를 들자면, 단순히 텀블러의 용량을 기준으로 비교하면, 다른 텀블러 간의 기능 차이를 반영할 수 없다. 그 이유는 같은 500ml 용량이라도 단열 성능, 온도 유지 시간, 사용 편의성 등이 다를 수 있기 때문이다. 즉, 물리적 양만으로는 정량적 기능만 반영하고, 실제로 사용 조건을 고려하는 기능(예: 보온/보냉 성능)은 평가하지 못하는 상황이 된다. 적절한 기능단위를 고려한다면, 아래와 같은 정의를 내릴 수 있다.

70℃의 음료를 500mL 담고, 실내 25℃에서 6시간 동안 70℃ 이상의 온도를 유지할 수 있는 텀블러 1개

또한 유럽연합 집행위원회(European Commission)에서 개발한 ILCD Handbook(International Reference Life Cycle Data System)에서는 기능단위를 설정할 때 1) What?, 2) How much?, 3) How well?, 4) For how long? 으로 설명되는 네 가지 질문의 답을 중심으로 정의하는 것을 제안하였다. 아래의 표는 네 가지 질문을 기준으로 기능단위를 설명하는 예시이다.

표 3-2. 기능 단위 결정 시 필요 질문과 예시

		제품		
		휴대용 충전기	빨대	승용차용 타이어
질문	What? (무엇인가?)	스마트폰을 충전하는 휴대용 배터리	음료를 마시는 데 사용하는 빨대	승용차의 주행 시 안정성을 제공하는 타이어
	How much? (얼마나?)	10,000mAh의 배터리 용량	한 번에 500mL의 음료 섭취 가능	차량의 전체 무게(1,500kg)를 지지
	How well? (얼마나 잘?)	완충 시 스마트폰을 2회 완전히 충전 가능	10번 이상 재사용 가능	60,000km 주행 가능
	For how long? (얼마나 오래?)	하루 동안 사용할 수 있음.	1년 동안 사용할 수 있음.	5년간 사용 가능

결국, 기능단위는 단순한 모양, 재질, 크기 등을 기준으로 비교하는 것이 아니라, 제공하는 기능을 기준으로 동등하게 평가해야만 하며, 기술적

으로 정량화된 측정이 가능해야 한다.

기준흐름(Reference flow)은 정의된 기능단위를 수행하는데 필요한 제품의 총량으로 전과정평가 분석에 필요한 원자재 사용량, 에너지 소비량, 폐기물 배출량 등을 산정하는 기준점이 된다. 따라서 기준흐름은 기능단위가 정의된 후에 산정할 수 있으며, 측정할 수 있는 물리적 단위를 가진 숫자로 표현된다.

앞에서 제시한 텀블러 예시를 활용하여 기준흐름을 설명하면 다음과 같다.

기능 단위:
70℃의 음료를 500ml 담고, 실내 25℃에서 6시간 동안 70℃ 이상의 온도를 유지할 수 있는 텀블러

기준 흐름:
기능단위를 실현하는 폴리프로필렌 텀블러 1개
기능단위를 실현하는 스테인리스 텀블러 1개
기능단위를 실현하는 세라믹 텀블러 1개

그러나 카페인이 함유된 음료에 대해 기준흐름을 산정할 경우는 다른 형식의 접근이 필요하다. 예를 들어, 기능단위를 '일정량의 음료에 포함된 카페인 함량'으로 설정할 경우, 다음과 같은 방식으로 정의할 수 있다.

기능단위:
1회 섭취 시 카페인 80mg을 제공하고, 3시간 동안 집중력 향상 효과를 제공하는 음료

이러한 기능단위를 바탕으로, 다음과 같은 방법으로 비교할 대상 제품의 기준흐름을 산정할 수 있다.

기준흐름 산정
음료 A: 1캔(250mL)에 80mg 카페인 함유
음료 B: 1병(1,000mL)에 640mg 카페인 함유
음료 C: 1캔(200mL)에 100mg 카페인 함유

음료 A의 기준흐름: 250 mL / 80 mg × 80 mg = 250 mL
음료 B의 기준흐름: 1000 mL / 640 mg × 80 mg = 125 mL
음료 C의 기준흐름: 200 mL / 100 mg × 80 mg = 160 mL

포장 형태를 고려할 경우
1L 단위로 포장한다고 할 경우, (음료 A, 4 캔) = (음료 B, 1 병) = (음료 C, 5캔)

위의 내용을 볼 때, 음료마다 카페인 함량이 다르므로 동일한 기능을 나타내기 위해 필요한 제품의 양이 달라지는 결과를 확인할 수 있다. 또한, 포장 형태에 따라 제품의 운송 방식, 제품 생산 시 필요한 재료의 양, 폐기물 발생량 등이 달라질 수 있으며, 이를 기준흐름에 따라 환산함으로써 각 제품의 환경영향을 확인해 볼 수 있다.

③ 전과정 목록분석(LCI) 모델링 프레임워크 및 다기능 공정의 처리 방식(LCI modeling framework and handling of multifunctional processes)

프레임워크(framework)는 "뼈대 또는 기본 구조"를 의미하는 용어로, 전과정 목록분석(LCI) 모델링 프레임워크는 LCI 수행의 기본 방향을 말한다. 이는 목적에서 결정된 전과정평가 수행 이유와 매우 밀접하게 연결되어 있다고 할 수 있다. 예를 들어, 소규모 공정에 대한 전과정평가를 수행하는 것인지, 대규모 정책을 고려한 평가인지, 혹은 기업 자체 데이터 축적을 위한 것인지 등에 따라 LCI 모델링 프레임워크가 달라지며, 이는

데이터 수집 범위에 영향을 미친다. 크게 두 가지 방식의 모델링 프레임워크가 사용되어 왔다.

첫 번째는 기인 모델(Attributional modeling) 방법으로, 이는 전통적으로 가장 많이 사용하는 프레임워크이다. 이것은 주로 공급망 중심으로 얻어지는 자료를 바탕으로 '제품을 만들면 어떤 환경영향이 발생하는가?'를 주요 질문으로 한다. 즉, 제품 자체가 환경에 미치는 영향을 분석하며, 현재 시점에서 수집된 데이터들을 중심으로 평가하고, 평가하는 제품 시스템이 외부 시스템과 상호작용하는 부분은 고려하지 않는 특징이 있다.

반면, 결과론적 모델(Consequential modeling) 방법은 '제품 사용이 환경에 어떤 영향을 미치는가?'를 질문의 중심에 두고 전과정평가를 수행한다. 예를 들어, 텀블러의 사용은 텀블러 생산에 따른 환경영향 외에도, 텀블러를 사용함에 따라 일회용 컵 사용량 감소라는 추가적인 효과를 일으킬 수 있다. 이 경우, 텀블러 사용으로 인해 발생하는 환경영향은 기존에 사용하는 기인 모델의 해석보다 더 포괄적이고 현실적인 결과를 제공할 수 있다. 그러나 기존의 기인 모델과는 달리 시장경제 및 사회과학적 지식과 해석을 필요로 한다. 본 교재는 기인 모델을 중심으로 전과정평가 방법론에 관한 설명을 진행할 것이다.

LCI 모델링 프레임워크가 결정된 후에는, 다기능 공정(Multifunctional system)이 존재할 경우 처리할 방법을 고려해야 한다. 앞에서 언급한 바와 같이 모든 시스템은 서로 연결되어 있으며, 하나의 시스템이 여러 개의 역할, 즉 기능(function)을 제공하는 경우가 많다. 전과정평가 수행 초기 단계에서 다기능 공정 처리 방법을 설정함으로써, 이후 단계에서 적절한 범위의 데이터 수집을 효율적으로 할 수 있다. 다기능 공정의 예시로, 목재 가공 공정은 목재 판넬을 생산하는 기능과 부산물로 톱밥을 생성하는 두 가지 기능을 한다. 목재 판넬은 건축자재로서의 역할을 하고 부산물인 톱밥은 연료로 활용될 수 있다. 이 경우, 목재 가공 공정은 목재 판넬 생산에 따른 환경영향 뿐만 아니라 톱밥에 의한 환경영향도 동시에 고려해야 한다. 즉, 목재 판넬이라는 제품의 환경영향을 파악하기 위해서는 목재 가공 공정을 전체적으로 고려해야 하기 때문에 두 가지 생산품에 대한 적절한 환경영향의 배분(Allocation)이 필요하다.

그림 3-3. 다기능 공정의 예시

다기능 공정에서 발생하는 문제를 해결하기 위한 방법으로 ISO 14044:2006에서는 세 가지를 제안한다.

첫 번째 방법은 다기능 공정을 여러 개의 하위 공정으로 세분화(Subdivision)하여 각 기능에 따른 환경영향을 산정하는 것이다. 가장 직관적이고 신뢰성이 높은 방법이지만, 모든 공정이 하위 공정으로 세분화할 수 있는 것은 아니다. 예를 들어, 앞서 설명한 목재 가공 공정 역시 하나의 공정에서 두 개의 제품을 생산하기에 하위 단계로 공정을 나눌 수는 없다.

두 번째 방법은 시스템 확장(System extension) 또는 대체(Substitution) 방법이다. 시스템 확장은 비교 대상 제품 또는 시스템이 다양한 기능을 가지며, 이를 동일한 기능 단위로 비교해야 할 경우에 유용하다. 예를 들어, 태블릿과 전자책 리더기의 경우를 볼 때, 태블릿은 전자책 읽기 외에도 웹 브라우징, 동영상 시청, 게임 등 다양한 기능을 제공하지만, 전자책 리더기는 단순히 전자책 읽기에 특화되어 있다. 이러한 경우에 두 제품을 동등하게 비교하기 위해서는 전자책 리더기에 태블릿의 동영상 시청, 웹 브라우징을 추가하도록 노트북의 LCI 자료를 활용할 수 있다. 대체 방법은 다기능 공정에서 발생하는 부산물을 대체할 수 있는 시스템 또는 제품이 존재한다면 다기능 공정 전체의 전과정 목록분석(LCI)에서 대체물의 LCI를 제외시켜서 목표로 하는 생산품의 환경영향을 산정하는 방법이다. 전자책 리더기와 태블릿을 비교할 때, 시스템 확장이 아닌 태블릿 LCI에서 노트북 LCI를 대체물로 넣어 제외시킬 수도 있다.

세 번째 방법은 할당(Allocation)으로 세분화 또는 시스템 확장이 불가능할 경우에 다기능 공정의 투입물 또는 배출물 등의 양을 특정한 기준으로 나누는 것으로, 할당의 기준으로는 특정 구성 요소 함량, 에너지 함량, 질량, 시장 가격 등이 될 수 있다. 다음은 할당을 활용한 예시에서 이 원리를 좀 더 구체적으로 살펴볼 수 있다.

물리적 기준에 의한 할당

우유를 가공하여 우유와 치즈를 생산하는 유제품 생산 공정

우유 100kg에서 우유와 치즈가 각각 70kg, 30kg 생산되었다고 가정

질량 기준으로 할당하면, 프로세스의 모든 입력 및 출력은 70%는 우유에, 30%는 치즈에 귀속

예: CO_2 배출량이 100kg이라면, 우유에는 70kg, 치즈에는 30kg이 배분

경제적 기준에 의한 할당

원유를 정제하여 휘발유, 디젤, 등유를 생산하는 정유 공정

생산된 휘발유, 디젤, 등유의 비율은 각각 40%, 40%, 20%라고 가정

시장 가격이 휘발유: \$1.5/L, 디젤: \$1.2/L, 등유: \$0.8/L 일 경우에, 총 매출을 기준으로 할당 비율 계산함.

휘발유: \$1.5 × 40% = \$0.6, 디젤: \$1.2 × 40% = \$0.48,

등유: \$0.8 × 20% = \$0.16 일 때, 총합은 \$1.24

정유 공정 생산품들의 가격 총합을 기준으로 각각의 생산품을 할당하며, 휘발유는 48.4%(=0.6/1.24), 디젤은 38.7%(=0.48/1.24), 등유는 12.9%(=0.16/1.24)의 비율로 할당할 수 있음.

에너지 함량 기준에 의한 할당

폐기물을 소각하여 전기와 열을 생성하는 폐기물 소각 공정

생성된 에너지의 엑서지(Exergy) 값을 활용할 수 있으며, 엑서지는 주어진 에너지로 얼마만큼의 일을 할 수 있는지에 대한 개념임.

전기 10MWh(엑서지 효율 100%), 열 20MWh(엑서지 효율 50%)이 생성된다고 할 경우, 총엑서지는 10 + (20 × 0.5) = 20MWh이 됨.

이에 따라 할당 비율을 전기 50(=10/20)%, 열 50(=10/20)%로 정하고 모든 입력 및 출력 데이터는 전기와 열에 각각 50%씩 배분

위의 예시들은 다기능 공정에 할당을 적용하기 위해서는 각 공정에 맞는 적절한 방법을 적용해야 한다는 것을 보여준다. 생산되는 제품 간의 물리적 속성이 유사할 경우에는 물리적 기준이 적절하고, 시장 가치가 환경적 영향을 결정한다고 판단될 경우는 경제적 기준을 적용하는 것이 LCA 분석 결과의 신뢰성을 높일 수 있다.

④ 시스템 경계 및 완전성 요구사항(System boundaries and completeness requirements)

시스템 경계는 제품 시스템(product system)과 시스템과 연관된 주변

환경의 범위를 구분 짓는 것을 의미한다. 여기서 제품 시스템이란 제품 제조 공정과 상위 공정 및 하위 공정을 총칭하는 개념으로 부품과 원료 제조, 운송, 제품 사용 및 폐기 단계를 포함한다. 또한 제품에 투입되는 원료 뿐만 아니라 모든 공정 및 단계에서 사용되는 에너지와 발생되는 배출물 등을 모두 포함한다. 시스템 경계를 설정할 때 필요한 개념으로 자연계(Ecosphere)와 기술계(Technosphere)가 있다.

자연계는 생태계와 같이 인간 활동에 의해 만들어지지 않은 물질이 포함된 부분으로, 우리가 보호하려는 본연의 자연 상태를 나타낸다. 예를 들면 산, 강, 바다, 대기, 동식물, 천연자원 등이 속한다. 기술계는 인간 활동으로 만들어진 것들을 의미하며 제품, 제조 공정, 공장 등이 이에 속한다. LCI에서 수집되는 모든 단위 공정은 기술계에 포함된다고 할 수 있다. 이 두 가지 범주 내에서 제품 시스템의 범위를 결정하는 것이 시스템 경계를 설정하는 목적이다.

자연계와 기술계 사이를 오가는 흐름을 기본 흐름(Elementary flows)이라고 하며, 시스템 경계 내로 유입되거나 방출되는 자원 또는 에너지를 말한다. 예를 들면, 자연에서 직접 활용하는 지표수, 태양광, 원유, 철광석 등은 자연계에서 기술계로 유입되는 기본흐름으로 볼 수 있으며, 기술계에서 자연계로 방출되는 이산화탄소, 메탄 등의 대기오염물질이나 수질 오염물질 등도 기본 흐름에 해당한다.

시스템 경계를 설명하는 또 다른 주요 흐름 중에 하나로 제품 흐름(Product flow)이 있다. 이는 분석 대상 공정을 다른 공정과 연결하는 상품 및 서비스를 의미하며, 공정에서 발생하는 산출물 또는 공정에 투입되는 경우도 포함된다. 예를 들면, 생산된 자동차, 발전소에서 생산하는 전기, 제품의 수송 서비스 등으로 설명할 수 있다.

완전성 요구사항(Completeness requirements)은 연구 목표에 부합하는 제품 시스템 모델링의 완전성을 확보하기 위해 요구되는 기준으로, 시스템 경계 내에 어떤 프로세스를 포함시킬지 또는 제외할지를 결정하는 데 사용된다. 전과정평가에서는 시스템 경계 내 모든 데이터를 반영하는 것이 이상적이지만, 현실적으로 데이터의 제한과 시간·비용적 제약으로 인해 완전한 데이터 수집이 불가능하다. 따라서, 완전성 요구사항의 수준은 연구 목표에 따라 달라질 수 있다. 예를 들어, 제품 개발 초기에 주요 환경영향 인자를 검토하는 경우, 전체 데이터의 70~80%정도의 완전성만으로도 진행이 가능할 수 있고, 친환경 제품 선언과 같은 경우는 90% 이상의 완전성을 필요로 한다. 또한, 연구 범위에 따라서도 완전성 요구 수준이 달라질 수 있다. “Cradle to grave” 연구에서는 모든 원자재 추출부터 제공된 제품 사용 및 폐기 지점까지의 모든 프로세스를 포함하

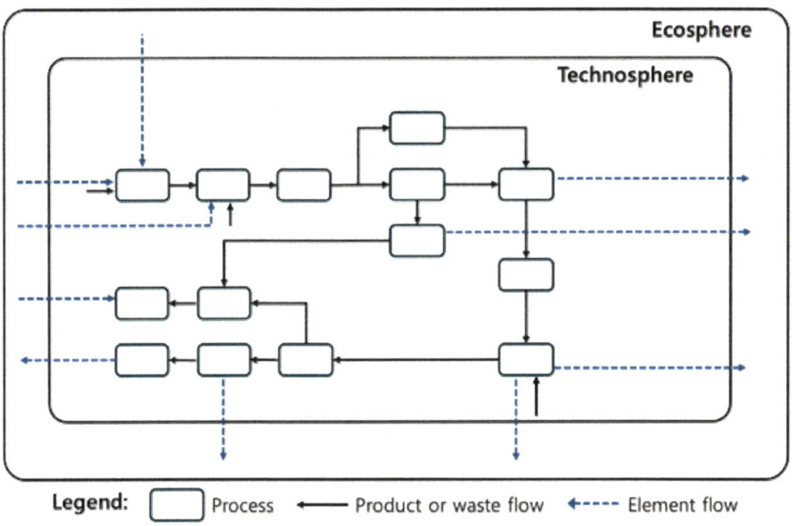

그림 3-4. 일반적인 제품 시스템 경계

지만, "cradle to gate" 연구에서는 연구된 제품이 생산되는 공장까지 범위 내의 데이터만 수집한다.

완전성 요구 수준에는 가변성이 존재하지만, 정해진 수준에 따라 데이터의 질적·정량적 측면에 대한 고려는 필수적이며, 이에 대한 검토 방식은 객관적이고 투명해야 한다. 일반적으로 가능한 한 많은 데이터를 수집한 후 전과정평가를 수행하고, 결과 분석을 통해 환경적 영향이 적은 공정과 데이터를 제외하는 방법을 주로 사용한다. 수집해야 할 데이터의 범위를 결정하는 기준(cut-off criteria)은 시스템 경계 내에서 무시할 수 있는 공정과 데이터를 정량적으로 판단하는 기준이며, 일반적으로 기준 흐름의 1% 미만의 영향을 미치는 공정은 생략할 수 있다. 예를 들어, 제품의 무게 또는 에너지 사용량을 기준으로 5% 이하의 데이터를 제외할 수도 있다. 그러나 무게 또는 에너지 기여도가 낮더라도 환경에 미치는 영향이 큰 공정이나 물질이 포함될 경우, 반드시 분석 대상에 포함시켜야 한다.

⑤ 전과정 목록분석 데이터의 대표성(Representativeness of LCI data)

전과정 목록분석 데이터 대표성(Representativeness)은 사용된 데이터가 실제 시스템을 얼마나 정확하게 반영하는지를 평가하는 개념으로, 전과정평가 모델의 신뢰성과 유효성을 결정하는 데 필수적인 요소이다. 대표성이 확보된 LCI 데이터는 LCA 결과가 실제 환경과 일치할 수 있도록 보장하며, 모델링의 적절성을 평가하는 데 중요한 기준이 된다. LCI 데이터의 대표성은 크게 기술적 대표성(Technological representativeness), 지리적 대표성(Geographical representativeness), 그리고 시간적 대표성(Time-related representativeness)으로 구분하여 평가한다. 기술적 대표성은 사용된 데이터가 분석 대상 시스템에서 실제로 사용되는 기술과 얼마나 잘

일치하는지를 평가한다. 이는 특정 기술의 에너지 소비, 공정 효율, 환경적 특성 등을 반영하는 정도에 따라 결정된다. 예를 들어, 최신 제조 공정을 기반으로 한 연구에서 오래된 공정 데이터를 사용할 경우, 분석 결과의 정확도가 저하될 수 있다. 지리적 대표성은 사용된 데이터가 분석 대상 시스템의 지리적 특성을 얼마나 잘 반영하는지를 평가한다. 예를 들어, 유럽에서 생산된 제품의 환경영향을 평가할 경우, 국내의 에너지 평가계수를 사용하면 신뢰성 있는 값을 도출하기 어렵다. 이는 에너지 믹스(energy mix)의 차이에 기인하는 데, 한국의 경우 화력발전이 주요 에너지원이지만, 유럽은 신재생에너지를 포함한 다양한 에너지원을 활용하는 점에서 차이가 발생할 수 있다. 시간적 대표성은 사용된 데이터가 분석 대상 시스템의 시점 및 연구 기간을 얼마나 잘 반영하는지를 평가한다. 예를 들어, 2023년에 수행된 연구라면 가능한 한 최신 데이터를 활용해야 하며, 과거 데이터를 사용할 경우 해당 데이터의 유효성과 변동 사항을 명확히 설명해야 한다. 데이터의 시간적 대표성이 낮을 경우, 기술 발전이나 환경 정책 변화 등의 요인을 반영하지 못하여 분석 결과의 신뢰성이 저하될 수 있다.

이러한 데이터 대표성의 확보는 LCI 데이터의 품질과도 직결되며, 이에 대한 구체적인 사항은 추후 '데이터 수집 및 분석'에서 보다 상세히 다루고자 한다.

⑥ 전과정 영향평가 영향범주 및 영향평가 방법론의 선택(Preparation of the basis for the impact assessment)

전과정 영향평가(Life Cycle Impact Assessment, LCIA)는 제품 시스템이 환경에 미치는 영향을 포괄적으로 포함하며, 다양한 환경 및 생태계 영향을 체계적으로 분류할 수 있게 한다. 이러한 영향범주의 선택은 연구의 목표와 범위에 따라 결정되며, LCI 데이터를 물질 중심의 관점에서 환경적 관점으로 변환하는 역할을 한다. 영향범주는 기존의 연구를 통해 일반적으로 제시되는 것들이 있으나, 연구 목적에 따라 새로운 범주를 개발할 수도 있다. 또한 영향을 미치는 수준에 따라 중간 지점 수준(midpoint level) 또는 최종 지점 수준(endpoint level)의 영향범주를 구분할 수 있다.

중간 지점 수준의 영향범주는 환경에 미치는 특정 문제를 세부적으로 평가하는 접근법으로, 배출물과 환경 문제 간의 연관성을 나타낸다. 예를 들어, 대기 중 이산화탄소(CO_2) 배출은 기후변화(Climate Change) 범주에 포함되며, 질소(N)와 인(P)의 배출은 부영양화(Eutrophication) 범주에 해당한다. 일반적으로 사용되는 중간 지점 수준의 영향범주에는 기후변화(Climate Change), 산성화(Acidification), 부영양화(Eutrophication), 생태 독성(Ecotoxicity), 오존층 파괴(Ozone Depletion), 광화학적 오존 형성(Photochemical Ozone Formation) 등이 알려져 있다. 최종 지점 수준의 영향범주는 제품 시스템에서 출발하는 환경영향 경로의 끝단에서 제품 시스템이 생태계(Ecosystem), 인체 건강(Human health), 자원 가용성(Resource availability)과 같은 최종 보호 영역(Areas of protection)에 미치는 영향을 평가한다. 중간 지점 수준이 개별 환경 문제를 다루는 데 비해, 최종 지점 수준은 보다 포괄적이고 통합적인 특성을 가진다. 예를 들어, 인체 건강 범주는 대기 오염 및 유해 물질 노출 등이 인간의 질병 및 사망률에 미치는 영향을 평가하며, 자원 가용성은 자원 고갈(화석 연료, 광물 자원의 소비)이 미래 세대의 자원 이용 가능성에 미치는 영향을 평가한다. 최종 지점 수준의 영향 평가에서는 여러 개의 영향범주를 통합하고 우선순위를 정하기 위해 정규화(Normalisation)와 가중치(Weighting) 방법론을 활용하여 단일 지표

(Single score)로 제공할 수 있는 장점이 있다. 정규화는 영향범주 간 비교를 돕기 위해 데이터의 상대적 크기를 조정하는 단계이며, 가중치는 중요도를 반영하여 다양한 영향범주를 단일 점수로 통합하는 데 사용된다. 그러나 중간 지점 수준의 영향범주에 비해 결과가 단순화되어 있으며, 명확한 메커니즘을 설명하기 어렵다는 점에서 불확실성이 상대적으로 높은 단점도 존재한다.

전과정 영향평가에는 다양한 방법론이 존재하며, 각 방법론은 다양한 환경적 요인을 고려하고, 각기 다른 영향범주와 지표를 사용하고 있다. 대표적인 방법론으로는 네덜란드 라이덴 대학교에서 개발한 CML 방법론, 미국 환경보호청(EPA)에서 개발한 TRACI 방법론, 환경영향을 최종 지점 수준으로 평가하는 것을 목적으로 하는 Eco-indicator 99 등이 있다. 이외에도 세부적인 상황을 고려한 방법론들이 지속적으로 개발되고 있으며, 전과정 영향평가(LCIA) 방법론 선정 시 기본적으로 고려해야 할 사항은 다음과 같다.

1. 범위의 완전성(Completeness of Scope):
선택하려는 방법론이 평가하려는 환경 문제(영향범주)에 대해 얼마나 포괄적으로 다루고 있는지를 확인
예시) "기후변화"를 평가할 경우, A 방법론은 CO_2만 평가하지만, B 방법론은 메탄(CH_4), 아산화질소(N_2O) 같은 다른 온실가스도 포함하여 평가할 수 있음.

2. 환경적 관련성(Environmental Relevance)
방법론에 반영된 데이터가 최신 과학적 지식에 기반하여 실제 환경 문제를 적절히 반영하고 있는지를 확인
예시) "산성화"를 평가할 경우, A 방법론은 SO_2 배출만 포함하지만, 최신 과학에 따르면 NO_x 배출도 산성화에 중요한 영향을 준다고 할 경우, SO_2, NO_x 배출 모두를 고려하는 방법론을 선택해야함.

3. 과학적 견고성 및 확실성(Scientific Robustness and Certainty)
해당 방법론이 신뢰할 수 있는 과학적 근거에 기반하여 구축되었는지를 검토
예시) 새로운 방법론을 적용할 경우, 정교한 실측 데이터와 전문가 검증을 통해 그 과학적 타당성을 확보해야 함.

4. 문서화, 투명성 및 재현성(Documentation, Transparency and Reproducibility)
방법론과 관련 데이터가 명확히 문서화되어 있으며, 다른 연구자가 이를 이해하고 동일한 결과를 재현할 수 있는지를 확인
예시) 명확히 문서화된 모든 데이터와 계산을 제시하여 재현성과 신뢰성을 확보할 수 있어야 함.

5. 적용 가능성(Applicability)
해당 방법론이 실제 LCA 연구에 쉽게 적용 가능하도록 설계되어 있는지를 확인
예시) 복잡하지 않고, 명확하고 객관적인 계산 절차를 제공해야 하며, 사용자 친화적인 툴이나 지침이 마련되어 있는 경우 활용도가 높음.

6. 이해관계자의 수용성(Stakeholders' Acceptance)
방법론이 관련 당국이나 이해관계자들로부터 승인받았고, 결과가 비전문가나 정책 결정자에게 이해 가능한지를 확인
예시) 수행한 LCA 결과가 국제 표준 또는 공인기관에 의해 인정받을 수 있어야 함

⑦ 시스템 비교를 위한 특별 요구사항(Special requirements for system comparisons)

ISO 14044에서는 시스템 간의 비교할 때, 동일한 기능단위와 방법론을 사용하여 비교해야 한다고 명시하고 있으며, 차이가 있을 경우에 이를 명확히 보고하는 것을 제안하고 있다. 특히, 비교 결과를 대중에게 공

개할 목적이 있는 경우에는 이해관계자 및 외부 전문가로 구성된 검토 그룹의 평가(critical review)를 거쳐야 한다. 이는 LCA 결과가 대중에게 오해를 유발할 수 있으며, 잘못된 해석이 객관적인 의사결정에 부정적인 영향을 미치거나 특정 제품 또는 시스템에 대한 부정적인 인식을 초래할 수 있기 때문이다. 따라서 분석 결과를 발표할 때는 사용된 자료와 방법론이 객관적이고 명확한 근거에 기반함을 입증해야 하며, 환경영향에 대한 차이는 해석에 의한 결론임을 명확히 명시해야 한다. 이것은 LCA 방법론이 가지는 근본적인 한계와 연관되어 있다. 일반적으로 LCA는 다음과 같은 주요 한계점을 가지고 있다.

첫 번째로 LCA는 데이터 집약적 분석 기법으로, 데이터의 품질과 출처에 따라 결과가 크게 달라진다는 점이다. 예를 들어, 특정 제품의 사용단계에서 소비되는 에너지 데이터를 입력할 때 석탄 기반 전력을 사용할 경우와 재생에너지 기반 전력을 사용할 경우, 환경영향 결과의 차이가 발생할 수 있다. 또한, 사용된 데이터가 직접 측정된 값인지, 문헌에서 인용된 값인지에 따라서도 결과가 달라 질 수 있다. 이에 따라 시스템 비교 시 데이터의 출처, 대표성, 수집연도 등을 명확하게 기술해야 하며, 동일한 수준의 데이터 품질을 유지하는 것이 중요하다. 두 번째는 LCA는 의사결정을 지원하는 도구로 활용될 수 있으나, 특정 제품이나 시스템이 절대적으로 친환경적이라고 증명할 수는 없다. 예를 들어, 종이백과 플라스틱백을 비교하는 LCA 연구에서는 종이백은 재활용 가능하고 생분해성이 있다는 점에서 친환경적으로 보일 수 있다. 그러나 종이백의 생산 과정에서 더 많은 물과 에너지가 소비될 수 있어, 플라스틱백보다 더 큰 환경영향을 미칠 수도 있다. 따라서 LCA 결과는 특정 연구 조건과 시스템 경계에 따라 다르게 해석될 수 있으며, "종이백이 항상 더 친환경적이다"와 같은 절대적인 결론을 제공할 수 없다. 마지막은 수치화된 모델이 없는 주제에 대한 영향 파악이 불가능한 점이다. 예를 들면, 생물다양성 손실과 같은 주제는 지역적 특성과 생태계의 복잡성으로 인해 정확한 수치화가 어렵다. 방사능 오염의 경우도 방사능이 환경에 미치는 영향을 수치화 할 수 있는 평가 모델이 없거나, 기존 모델의 신뢰도가 낮을 경우 평가가 불가능하다. 또한 기존에 영향평가값들이 존재하더라도 모델의 정확성에 따라 결과의 신뢰도는 달라질 수 있다.

이러한 점을 고려할 때, 시스템 비교를 수행하는 LCA 연구는 단순한 수치 비교를 넘어, 해석의 맥락을 포함한 다각적인 분석이 필요하며, 결과 제시는 항상 투명하고 신중하게 이루어져야 한다.

⑧ 정밀 검토 필요성(Needs for critical review)

LCA 분석 결과의 신뢰성과 객관성을 확보하기 위해, 분석에 관여하지 않은 외부 전문가에 의한 정밀 검토가 필요하다. 이는 연구자가 설정한 검토 방법과 결과를 독립적인 시각에서 검토하여 데이터 품질, 방법론의 적절성, 결과 해석의 타당성 등을 검증하는 역할을 한다.

⑨ 결과 보고 계획(Planning reporting of results)

LCA 연구의 최종 단계는 결과 보고이며, 이는 연구의 품질과 신뢰성을 보장하고, 의사결정자 및 이해관계자에게 연구 결과를 효과적으로 전달하는 핵심 역할을 한다. 따라서 보고 계획은 연구 초기 단계에서 설정되어야 하며, 연구의 대상 청중과 연구 목적을 반영하여 보고서 내용 수준과 형식을 결정하는 것이 중요하다. 보고는 투명성, 신뢰성을 보장해야 하며, 해석된 정보는 청중 또는 의사결정자가 활용할 수 있도록 명확하게 전달되어야 한다. LCA 결과 보고서는 보고 대상에 따라 내부 보고, 제3자 대상 보고, 대중 공개 보고로 구분되며, 각 유형은 고유한 목적과 요구사항을 가진다. 내부 보고의 경우, 연구 의뢰인의 내부 의사결정 지원을 주요 목적으로 하며, 정형화된 형식보다는 내부 구성원이 이해하기 쉬운 방식으로 작성한다. 또한, 연구 수행 과정에서의 중간 결과 공유 또는 의사결정 자료로 활용이 가능하다. 제3자 대상 보고는 연구에 참여하지 않은 외부 이해관계자(예: 인증기관, 정부, 기업 등)를 대상으로 작성하며, 데이터 품질과 결과의 투명성을 확보해야 한다. 이 보고서에는 연구의 가정, 범위, 한계에 대한 명확한 설명이 포함되어야 한다. 마지막으로 대중 공개 보고의 경우, 일반 대중, 언론, 정책 결정자 등을 대상으로 연구 결과를 보고하고, 객관적이고 엄격한 검토 과정을 거쳐 작성되어야 한다. 특히 비교 연구의 경우, 공정성과 명확성을 확보해야 하며, 결론과 권장 사항을 명확하게 제시하고, 불필요한 해석의 여지를 최소화해야 한다.

단원정리

1. 목적 및 범위 정의(Goal and Scope Definition)

- 연구의 목적과 결과 활용 방안을 명확히 정의해야 함.
- 기능단위와 기준흐름을 설정하여 비교 가능성과 데이터 일관성을 확보함.
- 시스템 경계와 완전성 요구사항을 설정하여 데이터 수집의 범위를 결정함.

2. 전과정 목록분석(LCI)

- 입력 데이터(원료, 에너지, 물)와 출력 데이터(배출물, 폐기물)를 체계적으로 수집하고 분석함.
- 데이터의 대표성(기술적, 지리적, 시간적)을 고려하여 신뢰성을 높임.
- 다기능 공정의 경우, 세분화, 시스템 확장, 할당 등을 통해 환경영향을 적절히 분배함.

3. 전과정 영향평가(LCIA)

- 제품 시스템의 환경영향을 중간 지점 또는 최종 지점 수준에서 분석함.
- 대표적인 영향범주(기후변화, 산성화, 부영양화 등)와 주요 LCIA 방법론(CML, TRACI 등)을 학습함.
- 정규화와 가중치를 활용하여 단일 지표로 통합 가능함.

4. 결과 해석 및 보고(Interpretation and Reporting)

- 분석 결과를 바탕으로 결론을 도출하고, 주요 이해관계자에게 투명하게 보고함.
- 데이터 검토와 검증을 통해 결과의 신뢰성을 확보함.
- 내부 보고, 제3자 대상 보고, 대중 보고 등 목적에 맞는 보고 형식을 선택함.

5. 전과정평가의 한계와 개선 방향

- 데이터 품질 문제, 시스템 경계 설정, 불확실성 등을 고려한 결과 해석이 중요함.
- 절대적 결론이 아닌, 특정 상황과 조건에 따른 상대적 해석을 제공함.

읽을 거리

(1) JRC. International Reference Life Cycle Data System (ILCD) Handbook - General guide for Life Cycle Assessment - Provisions and Action Steps. JRC Publications Repository

(2) 안중우. “환경진단을 위한 전과정 평가(Life Cycle Assessment: LCA) 기법.” 고분자 과학과 기술 6.1 (1995): 22-27.

(3) Pitawala, P., M. Danthurebandara, and L. Rajapaksha. “Life cycle assessment of paper and plastic grocery bags used in Sri Lankan supermarkets.” International Journal of Environmental Science and Technology 19.11 (2022): 11183-11198.

3.2 전과정 목록 분석

학습목표

- 전과정평가의 데이터 수집 단계인 LCI의 목적과 범위를 명확히 이해한다.
- 공정 식별, 데이터 수집, 단위 공정 구성, 시스템 모델링, 불확실성 관리 등 LCI의 핵심 활동과 각 단계의 역할을 파악한다.
- 1차 데이터와 2차 데이터의 특징과 활용 방법을 학습하고, 데이터 품질 평가 지표(정확성, 완전성, 대표성, 일관성, 재현성)를 이해한다.

전과정 목록 분석은 LCA의 두 번째 단계로, 목표 및 범위 정의에서 설정한 연구 범위에 따라 필요한 데이터를 수집하고 정량화하는 과정이다. 이는 연구의 기반이 되는 단계로, 분석 대상 시스템에 대한 모든 투입물(자원, 재료, 에너지 등) 및 산출물(배출물, 폐기물, 제품 등) 데이터를 수집, 기록, 정량화하여 목록화하는 역할을 한다. LCI 단계는 LCA 연구 중 가장 많은 시간이 소요되는 과정으로, 데이터 수집 및 검증의 신뢰성이 분석 결과에 큰 영향을 미친다. 목록화된 자료는 이후 단계인 전과정 영향평가의 입력자료로 활용되므로, 체계적이고 정밀한 데이터 구축이 필수적이다. 이 과정은 ISO 14044:2006을 기준으로 수행되며 다음과 같은 주요 활동으로 구성된다.

1. 공정 식별(Identifying processes)
2. 데이터 수집(Collecting data)
3. 단위 프로세스 구성 및 품질 점검
   (Constructing and quality checking unit processes)
4. 시스템 모델링 및 결과 계산(Constructing LCI model and calculating LCI results)
5. 불확실성 관리(Uncertainty management)

(1) 공정 식별(Identifying processes)

LCI 수행의 첫 단계는 연구 목표 정의 및 범위 정의에서 설정한 시스템 경계를 기반으로, 분석 대상 공정을 파악하는 것이다. 이를 위해 공정 흐름도를 작성하여 단위 공정을 설정하고, 공정 간의 상호관계 및 투입물·배출물 정보를 확인한다. 일반적으로 포함되는 단위 공정 또는 서비스는 자원 채굴, 제조, 사용, 폐기, 운송 등을 기본으로 한다. 따라서 신뢰도 높은 분석 결과를 도출하기 위해서는 분석 대상 제품 또는 시스템에 대한 철저한 기술적 이해가 필수적이다.

공정 식별은 기능 단위 또는 기준 흐름에서부터 시작되며, 이러한 내용을 실현하는 공정을 중심으로 식별이 이루어진다. ILCD Handbook에서는 공정을 레벨 0(level 0)부터 레벨 3(level 3)까지 4단계로 분류하여 체계적으로 식별할 것을 제안하고 있다. 레벨 0은 중심 공정 또는 분석 대상 시스템을 말하는 것으로 기능단위 또는 기준 흐름을 직접 제공하는 주요 공정을 나타낸다(예: 주요 제품 제조 공정). 레벨 1은 재화에 물리적으로 포함되는 요소로 제품에 물리적으로 포함되거나 시스템 내 다른 재화의 일부가 되는 공정을 말한다(예: 부품, 원재료 생산). 레벨 2는 중심 프로세스 또는 재화를 지원하는 기능을 가진 공정으로 보조 역할을 수행하는 공정이다(예: 냉각 시스템, 윤활유 공급). 마지막으로 레벨 3은 중심 공정 또는 시스템에 대한 서비스에 대한 것으로 물리적 접촉 없이 시스템 운영을 간접적으로 지원하는 서비스(예: 전력 공급, 물류, IT 관리)이다. 이 외에도 레벨 3 이상의 간접 공정을 고려할 수도 있는데 레벨 3을 넘어서는 레벨 1~3 과 연계된 외부의 주변 공정 또는 서비스를 말한다. 다음 표는 각 레벨에 따른 공정 유형과 예시를 정리한 것이다.

표 3-3. 공정 식별을 위한 레벨과 예시

	특징	예시
레벨 0	분석 대상 시스템의 기능 단위 또는 기준 흐름 제공- 시스템의 중심 역할	- 전력을 생산하는 석탄 화력발전소 - 빵을 굽는 오븐 - 승객을 운송하는 버스
레벨 1	최종 제품에 포함되거나 시스템 일부를 구성하는 재료나 부품	- 발전소에서 사용하는 석탄 - 빵 제조를 위한 밀가루 - 버스 차체를 만드는 강철
레벨 2	제품 또는 프로세스의 작동을 지원하나 물리적으로 포함되지 않음.	- 발전소 작동을 위한 냉각수 - 오븐 작동을 위한 전기 - 버스 운행을 위한 디젤 연료
레벨 3	시스템의 작동을 간접적으로 지원- 물리적 접촉 없음.	- 발전소 관리 서비스, 공공 홍보 활동 - 오븐 제조사 마케팅 활동 - 버스 회사의 행정 서비스
레벨 3+	직접적으로 연결되지 않지만 다른 프로세스와 연관- 간접적 영향	- 발전소 시설의 유지보수 및 폐기물 관리 - 오븐 제조사의 연구개발 - 버스 운송 회사 직원의 출장

공정 식별에 필요한 개념으로 전경 시스템(foreground system)과 배경 시스템(background system)을 구분하여 분석해야 한다. 전경 시스템은 분석 대상에서 핵심이 되는 공정들로 구성되며, 일반적으로 연구자가 직접 수집한 1차 데이터를 기반으로 한다. 이 데이터는 연구를 의뢰한 기업이나 기관이 제공한 정보를 포함하고 있으며, 분석 중간에도 공정 내용이나 조건이 변경될 수 있어 유연한 대응이 필요하다. 예를 들어, 제품에 투입되는 소재의 종류가 변경되거나, 기존 공정의 단점을 보완하기 위한 추가 공정이 포함될 수 있기 때문이다. 반면에 배경 시스템은 분석 대상 시스템의 전경 시스템에 간접적으로 영향을 미치는 공정으로 구성된다. 대표적인 예로는 전력 공급, 자재 운송, 용수 공급 같은 항목이 포함되며 일반적으로 평균값이나 공시된 대표 데이터를 활용한다. 따라서 전경 시스

템과는 다르게 전과정평가를 수행하는 연구자가 값을 직접 변경하거나 영향을 주기 어렵다. 전경 시스템과 배경 시스템은 서로 상호작용을 하게 되며, 전경 시스템에서 사용하는 자원(예: 전기, 원자재)은 배경 시스템에서 공급되고, 전경 시스템의 폐기물은 배경 시스템에서 처리된다(예: 폐기물 소각, 재활용). 또한 배경 시스템 데이터의 품질과 대표성(지리적, 시간적, 기술적)이 전경 시스템의 결과에 영향을 줄 수 있다. 예를 들어, 동일한 전력을 사용하더라도 재생에너지원인지 화석연료 기반인지에 따라 환경영향평가 값의 차이가 발생하게 되고 그로 인해 전과정평가 결과가 달라질 수 있다.

공정 식별을 위해서는 상위 공정(upstream process)와 하위 공정(downstream process) 개념에 대한 이해가 필요하다. 상위 공정은 분석 대상 시스템(제품 또는 서비스)에 필요한 자원, 원료, 에너지 등을 공급하는 공정으로, 제품 생애주기상 제조 전 단계에 주로 위치한다. 일반적으로 원자재 채굴, 부품 가공, 에너지 생산과 같은 활동이 포함되며, 주로 배경 시스템의 데이터베이스를 통해 모델링되므로 연구자가 직접 통제하기 어려운 경우가 많다. 하위 공정은 주로 분석 대상 시스템이 생산된 이후의 사용 단계와 폐기, 재활용 등 후속 활동을 포함하며 고객 또는 최종 사용자가 제품이나 서비스를 소비하는 단계와 연결된다. 따라서 소비자 행동 패턴 또는 폐기물 정책 등에 따라 환경영향이 크게 달라질 수 있으며, 지역별 폐기물 처리 방식이나 재활용 인프라의 차이에 따라 분석결과가 달라질 수 있다.

일차적으로 공정 식별이 완료되면, 공정 흐름도(Process flow diagram)를 작성하여 전경 시스템과 배경 시스템 간의 연결을 시각화해야 한다. 공정 흐름도는 분석 대상 시스템을 명확히 이해하고, 데이터 수집과 인벤

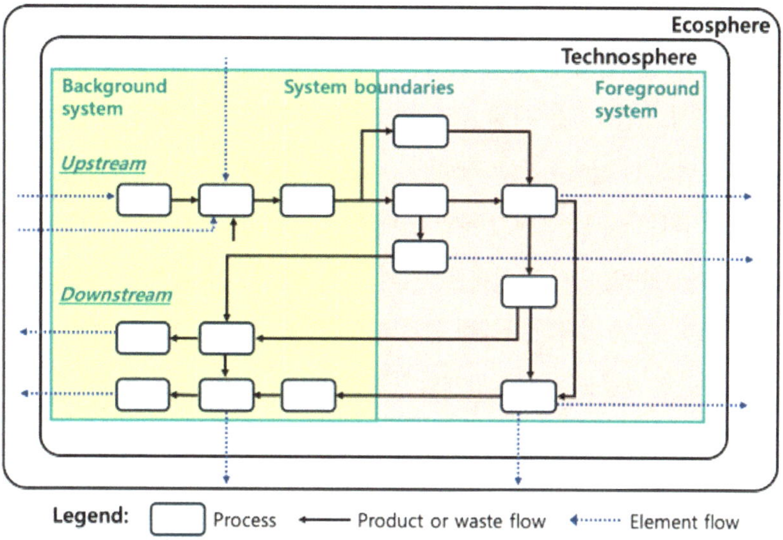

그림 3-5. 전경 시스템, 배경 시스템을 포함하고 있는 시스템 경계

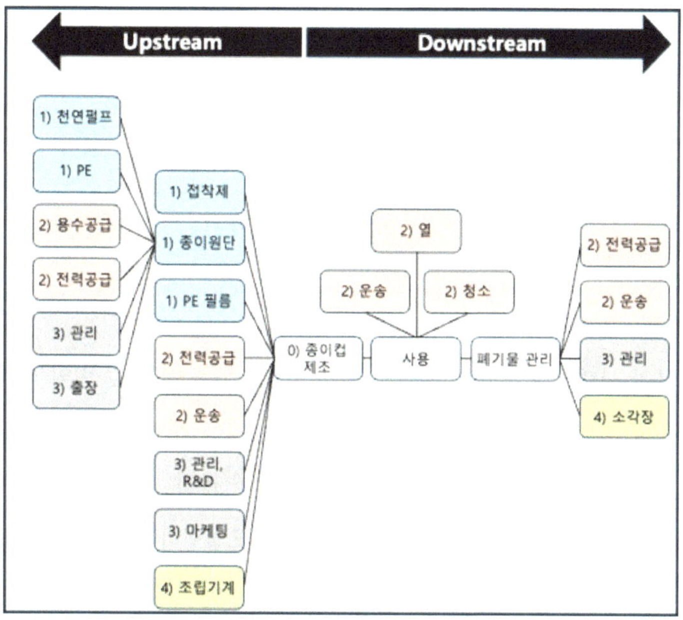

그림 3-6. 상위 공정, 하위 공정에 대한 예시

토리 구축을 체계적으로 계획하는 데 유용하게 활용될 수 있다. 또한, 연구 결과를 이해관계자와의 효과적인 소통을 하는 데 있어 중요한 역할을 한다. 공정 흐름도에는 자원 채굴, 원료 가공, 제조, 사용, 폐기 등 제품이나 시스템의 전 생애주기를 구성하는 주요 공정들이 포함되어야 하며, 각 단계에서의 자원 및 에너지 투입과 배출 흐름이 함께 표현되어야 한다. 이는 연구자뿐만 아니라 이해관계자와의 소통에서도 효과적으로 활용될 수 있으며, 분석 결과의 논리적 근거와 신뢰성을 높이는 데 기여한다. 잘 구성된 공정 흐름도는 이후 단계의 LCI 데이터 수집 및 LCIA 평가까지 일관된 분석이 가능하도록 돕는 기반 자료가 된다.

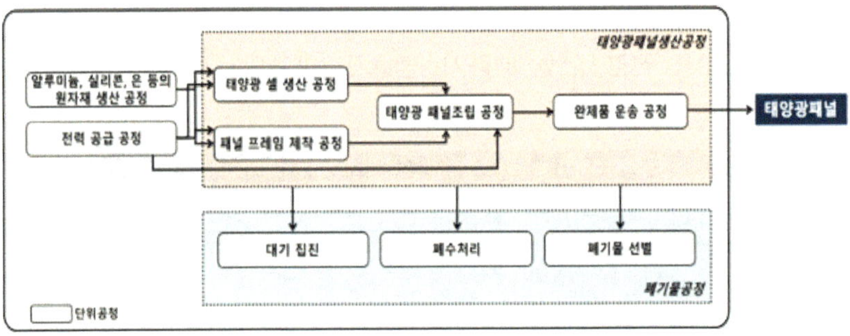

그림 3-7. 공정 흐름도 작성 예시

(2) 데이터 수집(Collecting data)

연구의 신뢰성과 결과의 정확도를 결정짓는 핵심 단계로, 범위 설정에서 정의된 시스템 경계를 기준으로 공정 데이터를 체계적으로 수집하고 이를 기반으로 모델링을 수행하는 단계이다. 이 과정의 궁극적인 목적은 시스템의 물질 및 에너지 흐름을 정량적으로 모델링하여, 환경적 영향을 정밀하게 평가하는 데 있다. 데이터 수집은 반복적이고 점진적인 과정을 통해 이루어지며, 초기 단계에서 설정한 데이터 요구 사항과 이후 분석

과정에서 얻어진 보완사항을 반영하여 지속적으로 조정된다.

또한, 전과정평가의 성공적인 수행의 여부는 충실한 자료 조사에 달려 있다고 할 수 있다. 즉 체계적인 자료 수집 및 데이터에 대한 이해가 기본적으로 수행되어야 하며, 수집된 데이터는 1차 자료와 2차 자료로 분류될 수 있다. 1차 자료는 연구자가 직접 수집한 자료를 의미한다. 연구 대상과 직접적으로 일치하는 데이터를 확보할 수 있다는 장점이 있지만, 이를 수집하는데 상당한 시간과 비용이 소요된다는 단점이 있다. 예를 들어, 특정 제조 공정에서 사용되는 에너지 소비량을 직접 측정하거나, 기업으로부터 원자재 투입량 및 폐기물 배출량 데이터를 제공받는 것이 1차 자료에 해당한다.

1차 자료 예시

1. 한 연구자가 특정 제조 공정의 에너지 소비량을 직접 측정하여 기록한 데이터
2. 기업으로부터 직접 받은 데이터

2차 자료는 연구자가 직접 수집한 1차 자료를 기반으로 가공되었거나, 다른 연구 목적을 위해 수집된 자료를 활용하는 경우에 해당한다. 대표적인 예로는 산업 통계, 국가 배출계수 데이터베이스, 문헌 자료 등이 있으며, 연구자가 직접 데이터를 수집하지 않아도 되므로 시간과 비용이 1차 자료에 비해 절감된다는 장점이 있다. 그러나 대부분의 2차 자료는 연구 목적과 완벽히 일치하는 형식으로 제공되지 않을 수 있으며, 원하는 형식 또는 시기에 생성된 데이터가 아닐 수 있기 때문에 연구 목적과 부합하는지에 대한 면밀한 검토가 필요하다. 예를 들어, 국가 차원의 전력 믹스 데이터는 특정 공장 수준에서의 전력 소비 특성을 충분히 반영하지 못할 수 있으므로, 활용 전에 데이터의 대표성과 적합성에 대한 면밀한 검토가 요

구된다.

2차 자료 예시
1. 이전 연구에서 사용된 자료를 재활용하여 새로운 연구에 적용
2. 산업 보고서에서 제공된 평균값이나 통계 데이터

또한 체계적인 데이터 수집 계획은 데이터의 정확성과 신뢰성 확보와 연관되므로, 데이터 품질, 유형, 출처, 수집 양식 등에 대한 사전 고려가 필요하다. 특히, 전과정평가 데이터 수집을 위한 설문지는 시스템의 생애 주기 데이터를 체계적이며 효율적으로 수집하기 위한 필수적인 도구로 공정별, 투입물별, 또는 활동별로 데이터 항목을 명확히 구분해야 한다.

1. 기본 정보

공정명:	제조회사명:
작성일:	작성자:
자료산출 적용 시작일:	연락처:
자료산출 적용 종료일:	이메일:

2. 공정설명 (자세히)

1) 투입물: 원료물질, 보조물질, 에너지, 운송 등

물질명	단위	사용량 (단위)	데이터품질	원산지	운송방법	공급업체 정보

2) 산출물: 대기, 수계 및 토양 배출물

물질명	단위	사용량 (단위)	데이터품질	비고

그림 3-8. 데이터 설문조사지 양식

또한, 데이터 제공자가 정확하고 일관된 정보를 입력할 수 있도록 설문지의 구성과 항목 정의가 명확하고 직관적으로 설계되어야 한다. 그림 3-8은 일반적인 데이터 설문조사 시 양식이다.

수집되는 데이터는 크게 정량적 데이터(예: 에너지 사용량, 재료 투입량 등)와 정성적 데이터(예: 프로세스 설명, 공정 특성 등)로 구분된다. 예를 들어, 플라스틱 사출성형 공정의 경우, 전력 사용량과 기계 가동 시간은 정량적 데이터로 수집되며, "플라스틱 원료가 히터를 통해 용융된 후 금형으로 주입되어 제품이 형성됨"과 같은 공정 설명은 정성적 데이터에 해당한다. 데이터의 출처는 신뢰성이 확보된 자료를 활용해야 하며, 필요 시 다수의 출처를 교차 검증하는 것이 바람직하다. 예를 들어, 전기 사용량 데이터를 공장 현장의 실측 기록(1차 데이터)과 산업 통계자료 데이터베이스(2차 데이터)를 비교하여 검증할 수 있다. 전과정평가 수행 시 요구되는 데이터의 유형과 그 특징에 대한 좀 더 상세한 설명은 다음과 같다.

① 원료 및 재료 데이터: 제품 제조에 사용되는 모든 원료 및 재료의 종류, 원산지, 투입양 등을 명확히 표기한다.

표 3-4. 원료 및 재료 데이터 상세 설명 정보 및 예시

원료 및 재료 데이터 상세 설명	
종류	제품 제조 시 사용되는 모든 원료와 재료의 구체적인 종류(예: 철강, 플라스틱, 알루미늄 등)
원산지	원료와 재료의 원산지 정보(국가 및 지역)
양	사용되는 각 원료와 재료의 정량(단위: kg, ton 등)
추출 및 가공방법	원료가 채굴 또는 추출되는 방식과 가공 과정에서 사용되는 에너지와 화학물질

② 에너지 사용 데이터: 생산 공정에서 소비되는 에너지의 총량과 유형(예: 전기, 가스, 석탄, 풍력, 태양광 등)을 상세하게 기록한다.

표 3-5. 에너지 사용 데이터 상세 설명 정보 및 예시

에너지 사용 데이터 상세 설명	
양	생산 공정에서 소비되는 에너지의 총량(단위: kWh, MJ 등)
유형	사용되는 에너지의 형태(예: 전기, 천연가스, 석탄, 재생 에너지 등)
출처	에너지의 공급원(예: 전력회사, 자체 발전 설비 등)
에너지 효율	공정의 에너지 효율성 지표(예: kWh/kg 제품 등)

③ 배출 데이터: 제품 제조 시 대기, 수질, 토양으로 발생되는 배출물의 종류와 배출양을 기록한다.

표 3-6. 배출 데이터 상세 설명 정보 및 예시

배출 데이터 상세 설명	
대기 배출물	생산 과정에서 대기 중으로 배출되는 물질의 종류와 양(예: CO_2, SO_x, NO_x 등)
수질 배출물	생산 과정에서 수질로 배출되는 물질의 종류와 양(예: 화학물질, 중금속 등)
토양 배출물	생산 과정에서 토양으로 배출되는 물질의 종류와 양(예: 유해 폐기물 등)

④ 유통 및 운송 데이터: 원료 및 제품의 운송 방식(예: 트럭, 기차, 선박 등), 이동거리, 사용 연료에 따른 소비량 등을 포함한다.

표 3-7. 유통 및 운송 데이터 상세 설명 정보 및 예시

유통 및 운송 데이터 상세 설명	
운송 방식	원료 및 제품의 운송 수단(예: 트럭, 기차, 선박, 항공 등)
이동 거리	각 운송 수단별 이동 거리(단위: km)
연료 사용량	각 운송 수단에서 사용되는 연료의 양과 유형(단위: L, kg 등)
운송 효율성	연료 효율성 지표(예: km/L, kg CO_2/km 등)

⑤ 사용 단계 데이터: 제품 사용 중 소비되는 에너지와 자원의 양을 조사하고, 사용 과정에서 배출되는 물질의 종류와 양을 기록한다.

표 3-8. 사용 단계 데이터 상세 설명 정보 및 예시

사용 단계 데이터 상세 설명	
소비 에너지	제품 사용 중 소비되는 에너지의 양과 유형(단위: kWh, MJ 등)
소비 자원	제품 사용 중 소비되는 자원의 종류와 양(예: 물, 화학물질 등)
배출물	제품 사용 중 발생하는 배출물의 종류와 양(예: 폐수, 폐기물, 배기가스 등)
사용 수명	제품의 예상 사용 수명 및 유지보수 요구사항

⑥ 폐기 및 재활용 데이터: 제품의 폐기 과정에서 적용되는 폐기물 처리 방법(예: 소각, 매립, 재활용 등)을 확인하고, 재활용 가능한 부품과 재활용 방법에 대한 정보를 체계적으로 기록한다.

표 3-9. 폐기 및 재활용 데이터 상세 설명 정보 및 예시

폐기 및 재활용 데이터 상세 설명	
폐기 방법	제품 폐기 시 적용되는 처리 방법(예: 소각, 매립, 재활용 등)
폐기물 종류	폐기 시 발생하는 폐기물의 종류와 양(예: 유해 폐기물, 일반 폐기물 등)
재활용 가능 부품	재활용 가능한 부품과 재활용 방법(예: 금속, 플라스틱 등)
재활용 효율성	재활용 과정의 효율성 지표(예: 재활용률, 에너지 소비 등)

(3) 단위 공정 구성 및 품질 점검 (Constructing and quality checking unit processes)

단위 공정(unit process)은 전과정평가의 기초 데이터 단위로, 이를 정확하게 구성하고 품질을 점검하는 과정은 신뢰성 있는 평가 결과를 도출하는 데 필수적이다. 공정 식별(Identifying processes) 단계에서 확인된 단위 공정을 포함하는 제품 시스템을 기반으로 기준 흐름(Reference flow)을 설정하여 데이터를 수집한다. 예를 들어, 전력 생산 공정에서 1kWh의 전력 생산을 기준으로 배출된 이산화탄소(CO_2)의 배출량을 질량(kg 단위)으로 기록할 수 있다. 유사하게, 수돗물 생산 공정에서는 1L의 수돗물 생산을 기준으로 필요한 원수(하천수)의 양과 공정 중 발생하는 오염물질 배출량을 정량화 할 수 있다.

- 기준 흐름: 플라스틱 병 1,000개(각 병의 용량은 500ml)
- 공정: 플라스틱 병 생산 공정(단위 공정)
- 입력 데이터: 플라스틱 펠릿(재료), 전기 사용량, 물 소비량
- 출력 데이터: 플라스틱 병, CO_2 배출량
- 기본 단위 공정 데이터(플라스틱 병 1개)

	기본 단위 공정 데이터 (플라스틱 병 1개)		기준 흐름에 따른 변화 (플라스틱 병 1,000개 생산) 기본 데이터 1,000	
입력/출력 항목	단위	양	단위	양
플라스틱 펠릿	kg	0.03	kg	30
전기 사용량	kWh	0.05	kWh	50
물 소비량	L	0.1	L	100
CO_2 배출량	kg	0.02	kg	20

전과정평가 수행 결과의 신뢰성을 확보하기 위해서는 데이터 품질 검증이 필수적이며, 이를 평가하기 위해 시간적 경계(Temporal boundary), 지역적 경계(Geographical boundary), 기술적 경계(Technological boundary)에 대한 명확한 기준을 설정해야 한다. 또한, 정확성(Accuracy), 완전성(Completeness), 대표성(Representativeness), 일관성(Consistency), 재현성(Reproducibility)을 고려한 데이터 수집이 필요하다.

① 정확성(Accuracy): 데이터가 실제 값을 얼마나 정확하게 반영하는지를 나타내는 지표로, 각 데이터 범주에 해당하는 데이터 값의 변화 가능성을 제시한다. 이를 위해 측정된 데이터와 실제 값 간의 오차를 분석하고, 불확실성의 범위를 명확히 해야 한다. 예를 들어, 온실가스 배출량을 측정할 때 측정 기기의 정확도와 환경 조건에 따른 변동성을 고려하여야 한다. 정확성을 향상시키기 위해 정밀한 측정 도구를 사용하고, 반복 측정을 통해 평균값을 도출하거나 불확실성 분석을 수행하여 잠재적인 오차를 식별해야 한다. 또한, 단위 공정 내 질량 수지(mass balance)를 점검하여 투입물의 총량이 배출물의 총합과 일치하는지 확인해야 한다. 화학 반응이 포함된 공정의 경우, 반응식에 따른 입력과 출력의 비율을 확인하여 데이터의 정확도를 확보할 수 있다.

② 완전성(Completeness): 모든 관련 데이터를 얼마나 충분히 수집하였는지를 평가하는 지표이다. 이를 위해 각 단위 공정에서 발생 가능한 모든 데이터 항목을 파악하고, 실제로 수집된 초기 데이터와 비교하여 누락 여부를 점검해야 한다. 이를 통해 전과정평가 분석에 필요한 데이터가 충분히 반영되었는지를 확인한다. 특히 생산 공정에서 발생하는 모든 유형의 배출물(대기, 수질, 토양)을 포함하여 데이터를 수집하며, 데이터 누락을 방지하기 위해 철저한 데이터 수집 계획을 수립하고 체크리스트를 활용하는 것이 바람직하다. 또한, 수집된 데이터의 완전성을 보장하기 위해 반복 검토 절차를 수행해야 한다.

③ 대표성(Representativeness): 수집된 데이터가 전체 모집단을 얼마나 잘 반영하는지를 평가하는 지표이다. 이는 사용된 데이터가 실제 모집

단의 특성을 어느 정도 충실히 반영하고 있는지를 정성적으로 검토하는 과정이며, 특정 지역에서 생산된 재료의 데이터가 다른 지역에서도 동일하게 적용될 수 있는지를 고려해야 하며, 모집단의 특성을 충분히 대표하지 못하는 데이터는 분석 결과의 신뢰성을 저하시킬 수 있다. 따라서 데이터가 대표성을 확보하기 위해서는 가능한 한 많은 샘플을 포함하고, 모집단의 여러 특성을 반영한 데이터를 사용해야 한다. 또한, 지역적, 시간적, 기술적 경계를 명확히 설정하여 데이터의 적용 범위를 구체적으로 규정해야 한다.

④ 일관성(Consistency): 데이터 수집 및 분석 과정에서 사용된 방법이 얼마나 일관되게 적용되었는지를 평가하는 지표이다. 동일한 연구 방법이 적용되지 않으면 분석 결과의 비교 가능성이 낮아지고, 신뢰성이 저하될 수 있다. 예를 들어, 동일한 생산 공정에 대해 서로 다른 방법으로 데이터를 수집할 경우, 결과 간의 비교가 어려워진다. 따라서, 표준화된 절차를 준수하고, 모든 데이터 수집 및 분석 과정에서 동일한 기준을 적용해야 한다. 데이터 수집 시 사전에 정의된 기준과 방법론을 일관되게 적용하여 분석 결과의 신뢰성을 확보해야 한다.

⑤ 재현성(Reproducibility): 다른 연구자가 동일한 방법과 데이터를 사용하여 연구를 수행했을 때 유사한 결과를 도출할 수 있는지를 평가하는 지표이다. 이는 사용된 방법과 데이터 값에 대한 정보를 통해 제삼자가 대상 연구를 수행할 시 도출된 결과를 어느 정도 재현할 수 있는가를 정성적으로 평가한다. 연구의 재현성이 높을수록 분석 결과의 신뢰성이 높아지며, 연구 방법의 투명성이 보장된다. 이를 확보하기 위해 연구 방

법과 절차를 상세히 문서화하고, 데이터 출처 및 수집 방법을 명확히 기록해야 한다. 또한, 연구 과정에서 사용된 모든 자료와 도구를 투명하게 공개하여 동일한 연구가 반복 수행될 수 있도록 보장해야 한다.

(4) 시스템 모델링 및 결과 계산 (Constructing LCI model and calculating LCI results)

LCI 결과 계산 단계에서는 제품 시스템의 전 과정에서 발생하는 투입물 및 배출물을 정량적으로 계산하여 물질 수지를 확인할 수 있다. 기본적으로는 품질이 검증된 데이터들을 활용해서 단위 공정 및 전체 제품 시스템에 대한 물질 총량을 분석하지만, 전과정평가 소프트웨어를 활용하면 보다 효율적으로 공정을 계산할 수 있다. 전과정평가 소프트웨어는 개별 단위 공정을 체계적으로 연결하고, 기능 단위에 따라 스케일을 조정한 후, 전체 시스템의 물질 및 에너지 흐름을 자동으로 합산할 수 있다. 이를

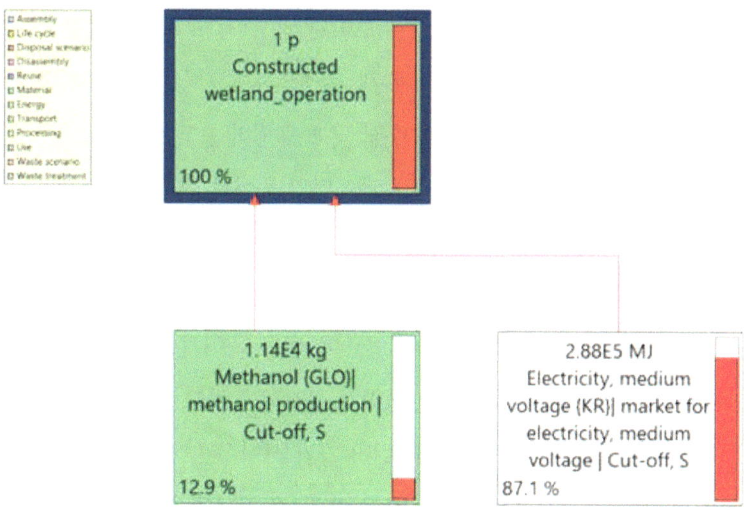

그림 3-9. SimaPro 사용 예시

통해 복잡한 제품 시스템의 환경영향을 보다 효율적으로 평가할 수 있다. 주요 LCA 소프트웨어로는 SimaPro, GaBi, OpenLCA 등이 있으며, 각 소프트웨어는 데이터베이스의 범위, 모델링 기법, 시뮬레이션 기능에 따라 특정 분야나 요구에 최적화되어 있다.

(5) 불확실성 관리(Uncertainty management)

전과정평가에서 데이터 분석 시 중요한 특징은 변동성(Variability)과 불확실성(Uncertainty)의 차이를 명확히 파악하는 것이다. 변동성은 수집된 값들이 일정한 패턴을 가지며 변화하는 것으로, 이러한 이유로 값의 변화를 쉽게 줄일 수 없는 특성을 가지며, 계절에 따른 에너지 소비량 변화나 시간대별 교통량 변동과 같은 사례로 나타난다. 이는 시스템의 다양한 요소 및 이질적인 조건에서 기인하며, 데이터의 무작위성으로 인해 발생할 수도 있다. 따라서, 변동성이 있는 결과는 기술적으로 동일한 과정에서도 다른 데이터 값을 초래할 수 있다.

반면, 불확실성은 일정한 패턴이 보이지 않으며, 예측이 어려운 경우를 의미한다. 이는 주로 데이터의 부재, 측정의 부정확성, 또는 정보의 모호성으로 인해 발생하며, 데이터 수집 및 모델링하는 과정에서 필연적으로 직면하는 문제이다. 불확실성은 데이터의 품질과 신뢰성에 영향을 미치며, LCA 결과 해석에도 중요한 변수로 작용한다. 예를 들어, 측정 장비의 오류, 데이터 수집 방법의 불일치로 인한 데이터 편차, 자료의 결측(missing data) 등이 예시로 될 수 있으며, 이를 줄이기 위해서는 집중적인 연구 또는 수집 방법의 기준을 명확히 설정해야 한다.

ISO 표준은 불확실성과 관련된 여러 가지 사항을 명시하고 있다. ISO 14040에서는 전과정평가 연구의 주요 특징 중 하나로 "LCA는 잠재적인 환경영향을 다루며, 절대적이거나 정확한 환경영향을 예측하지 않는다"고 강조하고 있다. 또한, ISO 14044에서는 "데이터 품질 요구 사항이 정보의 불확실성(예: 데이터, 모델 및 가정)을 다루어야 한다"고 규정하며, 공공에 공개되는 비교 연구의 경우 불확실성 분석과 민감도 분석을 수행할 것을 권장하고 있다. 이를 통해, LCA 비교 연구에서는 데이터 품질과 모델링 가정의 불확실성을 고려하여 보다 신뢰성 있는 결과를 도출할 수 있다. 즉, 데이터 사용, 모델 생성, 결과 해석 시 이러한 관련 문제점이 존재할 수 있다는 것을 인식하고 다루어야 한다. 불확실성과 변동성을 고려하게 되면, LCA 결과가 단순한 수치적인 값만으로 결론을 내릴 수 없다는 것을 이해할 수 있다. 현실적으로 모든 데이터를 수집할 수 없으므로, 신뢰성 있는 방법을 활용하여 결과를 추정하고 객관적 지표를 제시하는 것이 필요하다. 대표적인 방법으로 경험식(Empirical formulas)의 활용, 대체값(Surrogate) 또는 유사값 활용, 통계 기법을 활용한 값(Statistical estimation)의 추정이 있다.

경험식은 실제 측정 데이터를 기반으로 오랜 기간 동안 반복된 관찰과 실험을 통해 도출된 수학적 관계식이다. 이러한 공식은 특정 현상이나 시스템의 입력과 출력을 일반화하여 표현하기 때문에 데이터를 직접 수집할 수 없는 상황에서 유용하게 활용될 수 있다. 예를 들면, 연소 과정에서 발생하는 이산화탄소 배출량은 연료의 성분과 양을 기반으로 경험식을 통해 예측된다. 또한, 발전소에서 전력 1MWh를 생산할 때 특정 연료를 사용할 경우 배출되는 NO_x나 SO_2와 같은 오염물질의 양이 경험식으로 정해진다. 대체값 활용은 직접 데이터를 얻기 어려운 경우, 유사한 공정, 기술 또는 시스템에서 확보된 데이터를 사용하여 결과를 추정하는 방법이다. 이러한 대체값은 해당 데이터와의 기술적, 물리적, 또는 시간적 유사성을 기준으로 선택되고, 기존 데이터나 문헌에서 유사값을 찾을 수 있으므로 시간과 자원을 절감할 수 있다. 예를 들어, 새로 개발된 플라스틱 생산 공정이 기존 공정과 유사할 경우, 기존 공정에서 구축된 LCI 데이터를 대체값으로 사용할 수 있다. 또한, 특정 국가의 전력 데이터가 없을 경우, 유사한 경제 구조를 가진 국가의 데이터를 활용하거나 글로벌 평균 데이터를 사용할 수 있다. 통계 기법을 활용한 값의 추정(Statistical estimation)은 수학적 모델링과 통계적 분석 기법을 적용하여 부족한 데이터를 추정하는 방법이다. 대표적인 기법으로는 확률 분포(Probability distribution), 회귀 분석(Regression analysis), 몬테카를로 시뮬레이션(Monte Carlo Simulation) 등이 있다. 이러한 기법은 데이터의 불확실성을 정량화하고, 예측 결과의 신뢰도를 높이는 데 활용된다. 예를 들어, 다양한 시나리오에서 데이터를 반복적으로 시뮬레이션하여 발생 가능한 결과의 범위를 평가할 수 있으며, 이를 통해 LCA 결과의 신뢰성을 보다 면밀히 분석할 수 있다.

단원정리

1. 전과정 목록분석(LCI)의 정의와 목적

- LCI는 LCA의 데이터 수집 및 목록화를 담당하며, 제품 시스템의 자원 투입과 배출물 데이터를 체계적으로 정량화함.
- ISO 14044:2006 기준에 따라 수행되며, LCIA(Life Cycle Impact Assessment)를 위한 입력자료로 활용됨.

2. LCI 단계의 주요 활동

- 공정 식별(Identifying processes)
  - 시스템 경계를 기반으로 단위 공정을 설정하고, 공정 간 상호작용 및 자원 투입과 배출 흐름을 분석
- 데이터 수집(Collecting data)
  - 1차 데이터(직접 수집된 데이터)와 2차 데이터(기존 문헌 데이터)를 수집하며, 설문지를 통해 정량적·정성적 데이터를 수집함.
- 단위 공정 구성 및 품질 점검(Constructing and quality checking unit processes)
  - 기준 흐름(reference flow)을 중심으로 단위 공정을 정량화하며, 정확성, 완전성, 대표성, 일관성, 재현성을 고려함.
- 시스템 모델링 및 결과 계산(Constructing LCI model and calculating LCI results)
  - LCA 소프트웨어를 활용하여 제품 시스템의 물질·에너지 흐름을 모델링하고, 물질 수지를 확인함.
- 불확실성 관리(Uncertainty management)
  - 불확실성과 변동성을 구분하고, 이를 최소화하기 위한 방법(경험식, 대체값, 통계 기법)을 활용함.

3. 공정 식별의 주요 개념

- 전경 시스템(Foreground System):
  - 연구자가 직접 수집한 데이터를 포함하며, 분석 대상 시스템의 주요 공정으로 구성

- 배경 시스템(Background System):
  - 전경 시스템에 간접적으로 영향을 미치는 공정으로, 평균값 또는 공시 데이터를 사용
- 상위 공정(Upstream Process):
  - 제품 생애주기 초기 단계(자원, 원료 공급)
- 하위 공정(Downstream Process):
  - 사용 및 폐기 단계

4. 데이터 수집의 원칙 및 품질 평가

- 데이터 수집은 시스템 경계 내의 모든 프로세스를 포함하며, 품질 평가를 위해 정확성, 완전성, 대표성, 일관성, 재현성을 고려함.
- 불확실성 해결 방법: 경험식 활용, 대체값 적용, 통계 기법 활용

읽을 거리

(1) JRC. International Reference Life Cycle Data System(ILCD) Handbook - General guide for Life Cycle Assessment - Provisions and Action Steps. JRC Publications Repository

(2) 안중우. "환경진단을 위한 전과정 평가(Life Cycle Assessment: LCA) 기법." 고분자 과학과 기술 6.1 (1995): 22-27.

(3) Pitawala, P., M. Danthurebandara, and L. Rajapaksha. "Life cycle assessment of paper and plastic grocery bags used in Sri Lankan supermarkets." International Journal of Environmental Science and Technology 19.11 (2022): 11183-11198.

3.3 전과정 영향 평가

학습목표

- 전과정 영향평가(LCIA)의 개념과 역할, LCI에서 LCIA로의 전환 필요성을 이해한다.
- 영향범주(Impact categories)와 범주 지표(Category indicators)의 정의와 종류를 이해한다.
- 특성화 모델(Characterisation model)의 개념과 역할을 이해하며, 특성화 계수(Characterisation factor)를 활용하여 잠재적 환경영향을 정량화하는 방법을 학습한다.
- 분류화(Classification), 특성화(Characterisation), 정규화(Normalization), 그룹화(Grouping), 가중치 부여(Weighting)의 필요성과 이를 활용하는 방법을 학습한다.

LCIA는 LCI 단계에서 도출된 투입물/산출물 데이터를 기반으로 제품 시스템의 잠재적 환경영향을 정량적으로 평가하는 과정이다. LCI 단계에서 산출된 물질 목록은 단순한 물질 흐름을 나타낼 뿐, 환경적 의미를 포함하지 않는다. 예를 들어, 철 생산 공정에서 배출되는 이산화탄소 또는 전력 생산을 위해 사용된 석탄의 양은 단순히 시스템을 구성하는 요소이지만, 이들이 환경에 미치는 영향을 직접적으로 평가하지는 않는다. 즉, 이산화탄소가 지구온난화에 영향을 미치는 정도나 석탄 채굴에 따른 자원 소모로 인한 환경적 측면은 고려되지 않는다. 따라서, 물질의 단순한 나열 수준을 넘어 환경적 의미를 분석하기 위해 전과정 영향 평가 단계가 필수적이다. LCIA 단계에서는 목록분석 결과에서 도출된 물질들이 환경에 미치는 잠재적 영향(Potential impact)을 평가하며, 이를 통해 제품의 환경적 특성을 종합적으로 분석할 수 있다.

ISO 14044에 따르면 LCIA는 필수적 요소와 선택적 요소로 구분한다. 필수적 요소에는 1) 영향범주, 범주 지표 그리고 특성화 모델의 선택, 2) 선택한 영향범주에 따른 LCI 결과 배분(분류화), 3) 범주 지표 결과의 계산(특성화)이 있으며, 선택적 요소에는 1) 참조 정보에 대해 상대적인 범주 지표 크기 계산(정규화), 2) 영향범주의 분류 및 등급 부여(그룹화), 3) 영향범주의 지표 결과들을 가치 선택에 근거한 계산 인자를 사용하여 변환(가중치 부여)이 포함된다.

(1) 영향범주, 범주 지표 그리고 특성화 모델의 선택

전과정평가의 목표 및 범위 정의 단계에서 선정된 영향범주, 범주 지표와 특성화 모델을 기반으로 분석이 수행된다. 예를 들어, 기후변화를 주요 영향범주로 설정할 경우, 온실가스 배출량이 핵심 분석 대상이 되며, 이는 글로벌 지구온난화 잠재력(Global Warming Potential, GWP) 지표를 통해 특성화된다. 여기서 특성화 모델은 배출물(예: CO_2, CH_4 등)의 환경영향을 과학적 이론에 따라 수량화하는 역할을 수행한다. 이 과정에서 전과정평가를 수행하는 실무자는 기존에 검증된 방법론을 사용하여 분석을 진행하며, 새로운 특성화 모델을 개발하지 않는다. 일반적으로 LCA 소프트웨어에서는 검증된 방법론을 제공하며, 이를 활용하여 각 물질에 대한 정량화된 영향범주 값을 계산할 수 있다. 그러나, 수행 목적과 선택한 방법론이 적절히 부합하는지에 대한 검토는 필수적이다. 이는 현재 개발된 방법론들은 개발 배경과 목적에 따라 차이가 존재하기 때문이다. 현재 개발된 주요 방법론은 다음과 같다.

1. CML(Centrum voor Milieukunde Leiden)
네덜란드 라이덴 대학에서 개발된 방법론으로, LCIA의 중간 지표(midpoint indicator)에 초점을 맞추고 있음.

2. ReCiPe
네덜란드와 스위스 연구팀이 공동 개발한 방법론으로, 중간 지표와 종단점(endpoint)을 모두 고려하는 종합적인 LCIA 방법론임.

3. TRACI(Tool for the Reduction and Assessment of Chemical and Other Environmental Impacts)
미국 환경보호청(EPA)에서 개발된 LCIA 방법론으로, 북미 지역의 환경적 맥락에 초점을 맞추고 있음.

4. IMPACT2002+
스위스 로잔 연방공과대학에서 개발된 방법론으로, 중간 지표와 종단점 지표를 통합하여 환경적 영향을 종합적으로 분석함.

5. LIME(Life-cycle Impact assessment Method based on Endpoint modeling)
일본에서 개발된 방법론으로, 일본의 지역적 특성과 환경적 우선순위를 반영한 모델임.

6. ILCD(International Reference Life Cycle Data System)
유럽연합의 EC-JRC에서 개발된 방법론으로, 유럽 맥락에서의 환경적 영향을 평가하기 위한 권장 LCIA 방법임.

영향범주(Impact Categories)는 제품 시스템이 환경에 미치는 잠재적 영향을 평가하기 위해 설정된 분류 체계로, 환경적·생태적·인간 건강에 대한 영향을 나타낸다. 영향범주는 크게 중간 지표(Midpoint indicator)와 종단 지표(Endpoint indicator)로 나뉜다. 중간 지표는 직접적으로 환경에 주는 영향을 정량화하는 것으로 지구온난화(Global Warming Potential, GWP), 산성화(Acidification Potential, AP), 부영양화(Eutrophication Potential, EP) 등이 포함된다. 종단 지표의 경우는 최종적으로 환경영향이 인간 건강 및 생태계에 미치는 실제적인 결과를 고려하는 것으로 인간 건강(Human health), 생태계 품질(Ecosystem quality) 등이 포함된다. 영향범주 선택 시에는 연구 목적과 일치하도록 영향범주를 설정해야 하며, 선택된 영향범주를 평가하기 위한 데이터의 확보 가능성 및 연구가 수행되는 지역의 환경적 특성을 고려해야 한다. 범주 지표(Category Indicators)는 쉽게 말해 영향범주의 단위라고 생각할 수 있다. 영향범주의 값을 정량적으로 표현하는 것으로 제품 시스템의 잠재적 환경영향을 분석하고 비교할 수 있도록 특정 환경적 문제를 수치화한다. 주요 영향범주 및 범주 지표는 다음과 같다.

1. 지구온난화 잠재력(Global warming potential, GWP)
온실가스 배출로 인한 지구온난화 잠재력 평가(범주지표: kg CO_2-eq)

2. 오존층 파괴 잠재력(Ozone depletion, ODP)
염화불화탄소(CFCs) 등의 배출로 인한 오존층 파괴 잠재력 평가(범주지표: kg CFC-11-eq)

3. 생태독성(Ecotoxicity, ETP)
독성 물질 배출로 인한 생태계에 미치는 영향 평가(범주지표: CTUe)

4. 부영양화(Eutrophication, EP)
질소 및 인 농축으로 인한 부영양화 영향 평가(범주지표: kg PO_4^{3-}-eq)

5. 산성화(Acidification, AP)

산성 물질의 배출로 인한 산성화 영향 평가(범주지표: kg SO_2-eq)

6. 인간독성(Human toxicity, HTP)

독성 물질 배출로 인한 인간 건강에 미치는 영향 평가(범주지표: CTUh)

7. 자원 고갈(Resource Depletion, RD)

비재생 자원의 소비로 인한 자원 고갈 잠재력 평가(범주지표: kg Sb-eq)

특성화 모델(Characterisation model)은 LCI에서 확인된 투입물 및 배출물을 환경적 영향으로 변환하는 데 사용되는 방법론이다. 검증된 학술적 이론을 기반으로 하며, 일반적으로 물질의 분류(Classification), 특성화 계수 적용, 지표 산출의 과정을 거친다. 따라서, 각 영향범주는 각각의 특성화 모델을 가지고 있으며, 고유의 방법을 통해 단일화된 범주 지표로 결과를 제시한다. 예를 들어, 지구온난화 잠재력(GWP)의 경우 LCI 자료에서 온실가스를 분류한 후에, IPCC에서 제시한 온실가스 영향 인자를 반영하여 범주 지표를 산정한다.

(2) 선택한 영향범주로 전과정 목록분석(LCI) 결과 배분(분류화)

분류화(Classification)는 LCI 단계에서 확인된 투입물 및 배출물을 각 영향범주로 분류하는 과정을 의미한다. 기본 흐름(Elementary flow)으로 확인된 물질들이 환경에 미치는 잠재적 영향은 검증된 과학적 이론을 바탕으로 도출되며, 이론적 연구의 발전에 따라 분류 기준은 변경될 수도 있다. 또한, 하나의 항목은 하나 이상의 영향범주에 영향을 미칠 수 있다. 일반적으로 LCA 수행 시, 분류화 과정은 LCA 소프트웨어에서 전과정 영향평가(LCIA) 방법론을 선택한 후에 자동으로 수행된다. 아래는 분류화에 대한 예시이다.

표 3-10. 영향범주 및 관련 정보

영향범주	물질 목록	단위	배출 또는 소비 경로	주요 영향
지구온난화 잠재력(GWP)	CO_2, CH_4, N_2O	kg CO_2-eq	대기 배출	기후변화, 지구 온도 상승
산성화(AP)	SO_2, NO_x, NH_3	kg SO_2-eq	대기 및 물 배출	토양과 수질 산성화, 생태계 및 건축물 손상
부영양화(NP)	NO_3^-, PO_4^{3-}, NH_3	kg PO_4^{3-}-eq	물, 토양, 대기 배출	수질 악화, 조류 번식 과잉으로 인한 생물다양성 감소
오존 감소 (ODP)	CFC-11, 할론-1301	kg CFC-11-eq	대기 배출	오존층 파괴, 자외선 UV-B 증가
생태독성 (ETP)	수은, 카드뮴, 다이옥신	CTUe	물, 토양, 대기 배출	생물다양성 감소, 독성 축적
자원 고갈 (RD)	안티몬(Sb), 구리	kg Sb-eq.	화석연료, 광산 자원 소비	자원 부족, 에너지 및 물 스트레스

(3) 범주 지표 결과의 계산(특성화)

특성화(Characterization)는 LCI에서 영향범주별로 분류된 항목들이 각 영향범주에 미치는 영향을 정량화하는 과정으로, 특성화 계수를 이용하여 각 항목의 상대적인 기여도를 정량화할 수 있다. 특성화 계수(Characterization factor)는 기본 흐름(Elementary flow) 1단위가 특정 환경영향에 미치는 상대적 기여도를 나타내는 계수이다. 예를 들어, 메탄(CH_4)은 온실가스로서 같은 양의 이산화탄소(CO_2)보다 약 28배 더 큰 복사강제력(Radiative forcing)을 가진다. 따라서, 이산화탄소의 특성화 계수를 1로 설정하면, 기여도를 고려하여 메탄의 특성화 계수는 28이 된다. 이러한 방법으로 각기 다른 영향범주로 분류된 물질들에 대해 해당 범주에 대한 각 물질의 특성화 계수를 적용하면, 해당 환경 범주에 맞는 공통 단위로 변환할 수 있다. 특성화 계수의 산정은 물질의 환경 거동 메커니즘을 모델링하여 산정되며 모델링 인자로는 이동(Transport), 변형(Transformation), 환경에서 특정 물질에 노출(Exposure) 시 발생하는 피해 등이 포함된다. 따라서 전문가들에 의해 과학적으로 검증된 방법론을 기반으로 특성화 계수가 산정되며, 과학적 발견의 진보로 인해 그 값이 변경될 수도 있다. 예를 들어, IPCC에서 발표하는 보고서를 기준으로 온실가스의 특성화 계수가 조정된다. IPCC의 4차 평가보고서(AR4)에서 메탄(CH_4)의 특성화 계수 값은 25kg CO_2-eq/kg였으나, 5차 평가보고서(AR5)에서는 28kg CO_2-eq/kg로 변경되었다.

특성화 계수를 적용하면 단순한 물질 정보를 환경적 의미를 반영한 지표로 변환할 수 있어서 환경영향평가의 신뢰도를 높일 수 있고, 환경영향을 정량적으로 표현할 수 있어, 비교 및 의사결정 과정에서 유용하다. 하지만, 사용되는 모델이 복잡한 환경을 완벽하게 반영하지 못하기 때문에 환경영향이 단순화된다는 점이 있다. 또한 과학적 지식의 부족으로 환경영향이 크지만 일부 환경영향이 과소평가되거나 특성화 계수를 부여받지 못하는 경우가 발생하는 한계점도 가지고 있다. 또한, 특성화 계수를 산정할 때 지역적 조건을 반영하지 않는 경우, 실제 환경영향과 차이가 발생할 수 있다. 다음은 영향범주에 따른 물질의 특성화 계수에 대한 예시이다.

표 3-11. 영향범주별 물질 특성화 계수

영향범주	단위	예시
지구온난화(GWP)	kg CO_2-eq	CO_2: 1kg CO_2-eq/kg CH_4 : 28 kg CO_2-eq/kg
산성화(AP)	kg SO_2-eq	SO_2: 1kg SO_2-eq/kg NH_3: 1.88kg SO_2-eq/kg
부영양화(EP)	kg PO_4^{3-}-eq	PO_4^{3-}: 1kg PO_4^{3-}-eq/kg NO_3^-: 0.42kg PO_4^{3-}-eq/kg
오존 감소(ODP)	kg CFC-11-eq	CFC-11: 1.0kg CFC-11-eq Halon-1211: 7.1kg CFC-11-eq
자원 고갈(RD)	kg Sb-eq	안티몬(Sb): 1kg Sb-eq/kg 구리(Cu): 0.01kg Sb-eq/kg

아래는 지구온난화에 대한 특성화 인자를 계산하는 방법에 대한 예시이다.

특성화 인자의 계산

- 정의: 특성화 계수값을 이용하여 환경영향을 계산
- 잠재적인 환경영향 = 목록항목 환경부하량 x 해당목록의 특성화 계수값
- 영향범주: 지구온난화
- 목록항목: CO_2, CH_4, CFC11

지구온난화 지수(GWP)

Inventory Item	GWP	Unit
CO_2	1	g CO_2-eq/g CO_2
CH_4	24.5	g CO_2-eq/g CH_4
CFC11	4500	g CO_2-eq/g CFC11

특성화 인자의 계산

Inventory Item(j)	$Load_j$(g/f.u.)	$eqv_{i,j}$ (g CO_2-eq/g)	$C_{i,j}$ (g CO_2-eq/f.u.)
CO_2	1,000	1	1,000
CH_4	10	24.5	245
CFC 11	0.01	4,500	45
$C_i = \Sigma C_{i,j} = 1290$			

(4) 참조 정보에 대해 상대적인 범주 지표의 크기 계산(정규화)

전과정 영향평가(LCIA)에서 각 영향범주는 서로 다른 단위와 수치를 가지므로, 범주 간의 직접적인 상호 비교가 불가능하다. 정규화(Normalization)는 이러한 문제를 해결하기 위해 서로 다른 영향범주 간의 상대적 비교를 가능하게 하는 단계이다. 따라서, 정규화 단계를 거치면 지구온난화 영향범주와 산성화 영향범주 간의 수치적 비교가 가능하며, 특정 지역을 기준으로 분석된 영향범주가 잠재적으로 어느 정도의 영향을 미치는지를 평가해 볼 수 있다. 그러나 참조 시스템의 크기에 따라 결과에 차이가 발생할 수 있으며, 정규화된 수치가 높다고 해서 반드시 해당 영향범주가 환경에 심각한 영향을 준다고 할 수는 없다. 이는 정규화 결과가 상대적인 값이라 다른 영향범주와의 절대적 크기 비교만으로 우선순위나 심각성을 판단하기 어렵기 때문이다. 정규화를 진행하는 일반적인 방식은 다음과 같다.

정규화 방식

1. 참조 시스템 선택: 제품 시스템의 영향을 비교할 참조 시스템을 정의(예: 글로벌, 지역, 산업 부문 기반)
2. 정규화 계수 계산: 각 영향범주별로 참조 시스템의 총 영향을 계산(예: 기후변화의 경우 전 세계 CO_2 총 배출량)

3. 참조 시스템 영향으로 나누기: 각 영향범주별로 제품 시스템의 잠재적 영향을 참조 시스템의 총 영향으로 나누어 계산

$$\text{정규화된 영향} = \frac{\text{제품 시스템의 영향}}{\text{참조 시스템의 영향}}$$

정규화 예시 1. 부영양화 잠재력(Eutrophication Potential, EP)

1. 제품 시스템 B의 부영양화 배출량:
   2.5kg PO_4^{3-}-eq(Eutrophication Potential, EP).
2. 참조 시스템: 평균 유럽 시민이 1년 동안 발생시키는 부영양화 배출량:
   50kg PO_4^{3-}-eq.

1) 정규화 과정

원시 점수 산출

- 제품 시스템 B의 EP는 2.5kg PO_4^{3-}-eq.

정규화 계산

- 제품 B의 EP를 참조 시스템의 EP와 비교:

$$\text{정규화 점수} = \frac{\text{제품 B의 EP}}{\text{참조 시스템의 EP}} = \frac{2.5}{50} = 0.05$$

2) 정규화 결과

- 정규화된 점수는 0.05 유럽 시민 연간 부영양화 배출량 기준임.
- 제품 시스템 B는 평균 유럽 시민 1년 배출량 5%에 해당하는 부영양화 영향을 줌.

정규화 예시 2. 산성화 잠재력(Acidification Potential, AP)

1. 제품 시스템 C의 산성화 배출량:
   4.8kg SO_2-eq(Acidification Potential, AP).
2. 참조 시스템: 평균 유럽 시민이 1년 동안 발생시키는 산성화 배출량:
   120kg SO_2-eq.

1) 정규화 과정

원시 점수 산출

- 제품 시스템 C의 AP는 4.8kg SO_2-eq.

정규화 계산

- 제품 C의 AP를 참조 시스템의 AP와 비교:

$$\text{정규화 점수} = \frac{\text{제품 C의 AP}}{\text{참조 시스템의 AP}} = \frac{4.8}{120} = 0.04$$

2) 정규화 결과

- 정규화된 점수는 0.04 유럽 시민 연간 산성화 배출량 기준임.
- 제품 시스템 C는 평균 유럽 시민 1년 배출량 4%에 해당하는 산성화 영향을 줌.

(5) 영향범주의 분류 및 등급 부여(그룹화)

그룹화(Grouping)는 선택적으로 수행할 수 있는 과정으로, 영향범주들을 특정 기준에 따라 분류(Sorting)하거나 우선순위(Ranking)를 지정하는 작업을 포함한다. 분류는 공통된 특성을 기반으로 영향범주를 그룹화하는 것으로, 예를 들어 자원 소모라는 특성을 기준으로(토지 이용, 비생물학적 자원 고갈, 생물학적 자원 고갈) 등이 하나의 그룹으로 묶일 수 있다. 우선 순위 지정은 다소 주관적 관점으로 기준이 정해지게 되며, 이해관계자의 선호도 및 의사결정의 방향에 따라 순위가 달라질 수 있다. 예를 들어, 인간 건강에 대한 영향을 생태계 영향보다 높은 순위로 지정할 수 있고, 장기적 글로벌 영향이 단기적 지역적 영향보다 우선시될 수 있다.

(6) 영향범주의 지표 결과들을 가치 선택에 근거한 계산 인자를 사용하여 변환(가중치 부여)

각 영향범주가 환경 전반에 미치는 영향을 종합적으로 고려하여 해당 영향범주들의 상대적 중요도를 결정하는 과정이 가중치 부여이다. 정규화 영향치(N_i)에 가중치(Weighting factor, WF)를 곱하여 최종 결과 값을 산출함으로써, 의사결정 과정에서 시기적·지역적으로 중요한 의미를 가진 영향범주에 우선순위를 두어 시의적절한 의사결정을 지원할 수 있다. 일반적으로 가중치 부여 방법으로는 1) 전문가 집단에 의한 방법(Panel method), 2) 비용 환산 방법(Monctization method), 3) 환경 목표에 의한 방법(Target method) 이 있다.

1. 전문가 집단에 의한 방법(Panel method)

전문가 집단에 의한 방법은 환경영향범주 간 상대적 중요도를 전문가들의 주관적 평가를 통해 도출하는 방법으로 다양한 분야(예: 생태학, 환경공학, 경제학 등)의 전문가들이 참여하여 합의 또는 설문을 통해 각 범주의 가중치를 설정함.

- 특징:
- 투명성: 전문가 그룹의 구성 및 평가 과정이 공개될 경우, 높은 수준의 신뢰성과 투명성을 확보할 수 있음.
- 다학제적 접근: 다양한 배경을 가진 전문가들이 참여함으로써 환경영향에 대한 포괄적이고 균형 잡힌 평가를 제공할 수 있음.
- 유연성: 특정 지역이나 프로젝트의 요구에 따라 전문가 그룹을 맞춤 구성할 수 있음.

- 한계:
- 주관적 요소가 강해 평가 결과가 전문가의 개인적 경험이나 배경에 따라 달라질 수 있음.

- 전문가 선정 과정에서 편향이 발생할 가능성이 있으며, 의견 조율이 어려울 수 있음.

2. 비용 환산 방법(Monetization method)

비용 환산 방법은 각 환경영향범주가 초래하는 영향을 경제적 가치로 환산하여 가중치를 설정하는 방식으로 환경영향의 경제적 비용, 사회적 비용, 또는 복구 비용을 계산하여 비교하는 데 기반함.

- 특징:
  - 객관성: 영향을 금전적 값으로 환산하므로 비교 가능성이 높고 객관적으로 표현될 수 있음.
  - 정량적 접근: 환경영향을 정량화하여 정책 및 투자 결정에 활용할 수 있는 실질적 데이터로 변환함.
  - 적용 사례: 이 방법은 특히 기업이나 정부의 환경 정책 평가, 복구 비용 산정 등에 널리 사용됨.

- 한계:
  - 환경영향의 비시장적 가치를 금전적으로 표현하기 어려워 평가의 정밀성이 제한될 수 있음.
  - 일부 환경영향(예: 생물다양성 손실)의 가치를 경제적으로 환산하는 데에는 윤리적 논란이 있을 수 있음.
  - 지역별, 문화별로 금전적 가치가 다를 수 있어 일관된 결과를 얻기 어려움.

3. 환경 목표에 의한 방법(Target method)

환경 목표에 의한 방법은 각 환경영향범주에 대해 국제적 또는 지역적 목표(예: 온실가스 배출 감소 목표, 수질 기준 등)를 기준으로 가중치를 설정하는 방법이며 정책적 목표와 환경 목표의 달성 여부를 평가하는 데 초점을 둠.

• 특징:
- 정책 연계성: 환경 정책 및 국제적 협약(예: 파리협정, 지속가능발전목표)의 달성 상황을 평가하는 데 유용함.
- 목표 지향성: 특정 환경 목표를 중심으로 분석하므로 명확한 방향성과 우선순위를 제공할 수 있음.
- 단순화: 정량화된 목표와 비교하여 단순한 가중치 도출이 가능하므로 적용이 용이함.

• 한계:
- 환경 목표가 명확하지 않거나 상충될 경우 가중치 설정이 어려울 수 있음.
- 정책적 목표가 과학적 근거보다는 정치적 타협에 기반할 경우, 신뢰성이 저하될 가능성이 있음.
- 목표 설정의 시간적, 공간적 범위가 명확하지 않을 경우, 결과의 일관성이 부족할 수 있음.

그러나 가중치 부여는 과학적이고 절대적인 기준에 의해 결정되지 않으며, 주관적인 요소가 개입될 가능성이 있다. 이러한 이유로 ISO 14044에서는 공개적으로 발표되는 비교 연구에서 가중치 적용을 금지하고 있다. 또한, 가중치가 적용된 결과를 보고할 경우, 반드시 비가중치 결과와 함께 제시할 것을 권고하고 있다. 다음은 가중치 부여를 적용한 예시이다.

가중치 부여 방식

$$WI = \sum W_i \times CI_i$$

WI=weighted impact

W_i=i 번째 영향범주의 가중치

CI_i=특성화 영향값(Characterized impact value)

가중치 적용 예시: 가상 제품 시스템의 LCIA 결과

제품 시스템 A에 대한 정규화 값이 아래와 같이 산출됨.

- 기후변화(Climate Change, GWP): 0.3
- 산성화(Acidification, AP): 0.2
- 부영양화(Eutrophication, NP): 0.1

가중치 계수

가중치를 적용하기 위해 각 영향범주에 다음과 같은 상대적 중요도를 할당함.

- 기후변화: 50%(0.5)
- 산성화: 30%(0.3)
- 부영양화: 20%(0.2)

가중치 적용 계산

가중치를 적용하여 각 영향범주의 가중치가 반영된 점수를 계산함.

가중치가 반영된 점수 = 정규화된 값 × 가중치 계수

- 기후변화: 0.3 × 0.5 = 0.15
- 산성화: 0.2 × 0.3 = 0.06
- 부영양화: 0.1 × 0.2 = 0.02

가중치 합산: 총 가중치 점수 = 0.15 + 0.06 + 0.02 = 0.23

결과 해석

1. 가중치가 반영된 개별 점수:
   - 기후변화: 0.15
   - 산성화: 0.06
   - 부영양화: 0.02
2. 총 가중치 점수: 제품 시스템 A의 단일 환경영향 점수는 0.23
3. 중요도 우선순위:
   - 가장 높은 가중치를 받은 기후변화가 제품 시스템의 가장 큰 환경적 영향을 나타냄.
   - 부영양화의 기여도는 상대적으로 낮음.

단원정리

1. 전과정 영향평가(LCIA)의 정의와 필요성

- LCI 단계에서 얻은 투입/산출물 데이터를 바탕으로 제품 시스템의 잠재적 환경영향을 평가
- 단순한 물질 목록(예: CO_2 배출량)을 환경적 의미(예: 온실가스 영향)로 변환
- 잠재적 환경영향을 평가하여 제품 시스템의 종합적 환경 성과를 판단

2. LCIA의 주요 요소

(1) 필수적 요소

- 영향범주, 범주 지표, 특성화 모델의 선택:
  - 연구 목적에 따라 영향범주 및 특성화 모델 선택
  - 예: 기후변화(GWP), 산성화(AP)
- 분류화(Classification)
  - 투입/산출물을 적절한 영향범주로 분류
  - 하나의 물질이 여러 영향범주에 기여 가능(예: NO_X는 산성화와 부영양화에 모두 기여)
- 특성화(Characterisation):
  - 특성화 계수를 활용해 영향범주별 기여도를 계산
  - 예: CH_4의 GWP 특성화 계수는 28(CO_2-eq/kg)

(2) 선택적 요소

- 정규화(Normalization):
  - 영향범주 간 상대적 비교가 가능하도록 결과를 조정
  - 지역적 기준값 또는 글로벌 평균값을 사용
- 그룹화(Grouping):
  - 공통 특성에 따라 영향범주를 분류하거나 우선순위 부여
  - 예: 자원 소모(토지 이용, 비생물학적 자원 고갈)

- 가중치 부여(Weighting):
  - 각 영향범주의 중요도를 반영해 환경영향을 종합적으로 평가
- 전문가 집단, 비용 환산, 환경 목표 기반 방법 활용

3. 주요 LCIA 용어와 개념

- 영향범주(Impact categories):
  - 환경에 미치는 잠재적 영향을 분류하는 기준
  - 예: 기후변화, 산성화, 부영양화, 자원 소모
- 범주 지표(Category indicators):
  - 영향범주의 환경영향을 정량화하는 지표
  - 예: GWP(kg CO_2-eq), Acidification Potential(kg SO_2-eq)
- 특성화 모델(Characterisation model):
  - 투입/산출물을 환경적 의미로 변환하기 위해 과학적 이론을 기반으로 개발된 모델
  - 예: IPCC에서 제시한 온실가스 특성화 모델
- 특성화 계수(Characterisation factor):
  - 물질이 환경영향을 미치는 상대적 기여도를 나타내는 계수
  - 예: CH_4의 GWP는 CO_2의 약 28배(100년 기준, IPCC AR5)

읽을 거리

(1) Wu, Y., & Su, D.(2020). Review of life cycle impact assessment (LCIA) methods and inventory databases. In Sustainable Product Development: Tools, Methods and Examples (pp.39-55)

(2) European Commission.(2010). ILCD Handbook: LCIA framework and requirements. Retrieved from https://eplca.jrc.ec.europa.eu/uploads/ILCD-Handbook-LCIA-Framework-Requirements-ONLINE-March-2010-ISBN-fin-v1.0-EN.pdf

(3) European Commission.(n.d.). Environmental footprint methods: Life cycle assessment (EF methods). Retrieved from https://green-business.ec.europa.eu/environmental-footprint-methods/life-cycle-assessment-ef-methods_en

(4) Acero, A. P., Rodríguez, C., & Ciroth, A. (2016). LCIA methods: Impact assessment methods in life cycle assessment and their impact categories (Version 1.5.5). Retrieved from https://www.openlca.org/lcia-methods

3.4 해석

학습목표

- 해석 과정에서 필요한 주요 단계와 평가 과정을 학습하고, 이를 통해 전과정평가(LCA)의 결과를 논리적이고 실질적인 권장사항으로 연결할 수 있는 능력을 기르는 것을 목표로 한다.

전과정평가 해석은 3가지 주요 요소를 포함하고 있다. 1) 제품 시스템에서 환경적으로 큰 기여도를 갖고 있는 주요 인자(Key issue)의 규명, 2) 완전성(Completeness), 민감도(Sensitivity) 및 일관성(Consistency) 검사를 통한 전과정평가 과정 분석, 3) 제품의 환경적 측면, 개선 가능성 또는 소비자 및 이해관계자와의 의사소통을 위한 주요 환경성 정보를 제안함으로써 전과정평가 수행 목적에 부합하는 결론을 도출할 수 있다.

(1) 주요 인자(Key issue)의 규명

일반적으로 제품 시스템의 총 환경영향 중 1% 이상의 기여도를 갖는 활동, 공정, 물질, 부품 또는 전과정 단계를 주요 인자(Key issue)라고 정의한다. 주요 인자 규명은 제품의 환경성을 개선하는 것을 목표로 하는 전과정평가에서 필수적인 과정이다. 이 과정은 기여도 분석(Contribution analysis)를 통해 수행되며, 주요 공정 또는 물질의 환경적 영향을 정량적으로 분석할 수 있다. 기여도 분석은 특성화된 환경영향, 가중치 부여된 환경영향 또는 목록분석 결과를 활용하여 아래의 방법으로 산정할 수 있다.

$$\frac{\text{특성화된 환경영향표의 모든 목록 항목}}{\text{제품 시스템의 총 환경영향}} = \text{총 환경영향에 대한 각각의 퍼센트}$$

표 3-12. 주요인자 규명의 예시

목록항목	단위공정(활동)					비율(%)
	원료 채취	종이컵 제조	운송	사용	폐기	
CO_2	3.5	7.2	2.1	1.8	0.9	22.64
CH_4	0.2	0.4	0.1	0.1	0.0	1.12
CFC11	12.3	25.6	8.4	4.2	1.7	76.24
합계	16.0	33.2	10.6	6.1	2.6	
비율(%)	23.4	48.5	15.5	8.8	3.8	100.00

(2) 데이터의 완전성, 민감도, 일관성 평가

완전성 검사(Completeness check)의 목적은 전과정 해석 단계에서 필요한 모든 정보와 데이터가 완전한지를 확인하는 것이다. 특히 규명된 주요인자가 전과정 목록분석 결과뿐만 아니라 전과정 영향평가 결과에도 충분하고 정확하게 반영되었는지를 평가하는 것이 중요하다. 만약 특정 데이터가 제외되었거나 불완전하다고 판단될 경우, 재평가 여부를 파악해야 한다. 만약 제외되었거나 불완전한 데이터가 규명된 주요 인자에 상당한 영향을 미친다면, 그에 맞게 전과정평가의 목적과 범위를 수정해야 한다.

완전성을 정량화하기 위한 방법으로 Pedigree Matrix 방법론이 있다. Pedigree Matrix는 데이터 품질과 관련된 불확실성을 체계적으로 분석하는 방법으로, 데이터의 신뢰성과 대표성을 기반으로 추가적인 불확실성을 평가하고, 데이터 품질을 수치적으로 표현하는 도구이다. Pedigree Matrix는 일반적으로 5가지 기준(신뢰성, 시간적 대표성, 공간적 대표성, 기술적 대표성, 완전성)에 따라 데이터를 평가한다. 각 기준은 1점(최고 품질)에서 5점(최저 품질)까지의 점수로 나타낸다. 5가지 기준에 대한 설명은 다음과 같다.

1. **신뢰성(Reliability)**
   - 데이터의 출처와 측정 방법의 신뢰도를 평가
   - 예: 실험 데이터, 보고서 기반 데이터, 추정값 등
2. **시간적 대표성(Temporal Correlation)**
   - 데이터가 연구 시점과 얼마나 일치하는지 평가
   - 예: 최신 데이터인지 오래된 데이터인지
3. **공간적 대표성(Geographical Correlation)**
   - 데이터가 분석 대상 지역을 얼마나 잘 대표하는지 평가
   - 예: 동일 지역, 유사 지역, 전 지구 평균 데이터 등
4. **기술적 대표성(Technological Correlation)**
   - 데이터가 연구 대상 기술과 얼마나 유사한지 평가
   - 예: 동일 기술, 유사 기술, 대체 기술 데이터 등
5. **완전성(Completeness)**
   - 데이터가 프로세스와 흐름을 얼마나 포괄적으로 다루고 있는지 평가
   - 예: 모든 흐름 포함, 일부 누락, 주요 흐름 누락 등

다음은 Pedigree Matrix 사용 예시이다.

표 3-13. Pedigree Matrix 사용 예시

기준	1(매우 우수)	2(우수)	3(보통)	4(낮음)	5(매우 낮음)
신뢰성	실험적으로 측정됨	동일 산업 보고서 기반	학술 문헌	유사 산업 데이터	추정값
시간적 대표성	현재 데이터	최근 5년 내	최근 10년 내	10년 이상 오래됨	연도 정보 없음
공간적 대표성	동일 지역 데이터	유사 지역	국가 단위	대륙 단위	전 지구 평균

기준	1(매우 우수)	2(우수)	3(보통)	4(낮음)	5(매우 낮음)
기술적 대표성	동일 기술 기반	유사 기술	평균 기술	대체 기술	기술 비대표
완전성	모든 흐름 포함	주요 흐름만	일부 누락	중요한 흐름 누락	대부분 흐름 누락

민감도 검사(Sensitivity check)는 전과정 목록분석과 전과정 영향평가 단계에서 수행된 분석 결과의 민감도와 불확실성을 평가하는 과정이다. 할당방법의 변화, 투입물 데이터의 불확실성, 전과정평가 수행 시 적용된 가정 등을 대상으로 분석이 수행된다. 예를 들어, 특정 가정이나 데이터 변화가 분석 결과에 미치는 영향을 확인함으로써, 연구 결과의 신뢰성을 높이고 전과정평가에서 집중해야 할 요소를 파악할 수 있다.

전과정평가에서는 민감도를 측정하는 주요 수학적 방법으로 주로 국소 민감도 분석(Local sensitivity analysis)이 사용된다. 국소 민감도 분석은 하나의 입력 변수만을 변경하여 해당 변수의 작은 변화가 출력 결과에 미치는 영향을 측정하는 것으로 기본 수식은 다음과 같다.

입력변수 x_i가 출력 변수 y에 미치는 Sx_i는 다음과 같이 정의됨.

$$Sx_i = \frac{\alpha_y}{\alpha_x} \cdot \frac{x_i}{y}$$

- α_y / α_{x_i}: x_i에 대한 y의 편미분 값
- x_i: 입력 변수의 현재 값
- y: 출력 변수의 현재값

1. x_i의 값을 소폭 변화시키고($+x_i$ 또는 $-x_i$), 대응하는 y의 변화를 계산함.
2. 상대 변화 비율을 계산하여 민감도를 구함.

예를 들어, 제품 A의 전과정평가에서 온실가스 배출량을 계산하고 있으며, 주요 입력 변수 중 하나는 제품 생산 시 사용하는 전력의 탄소 배출 계수(kg CO_2-eq/kWh) 라고 가정하자. 즉, 탄소 배출 계수의 변화가 GWP 출력값에 영향을 주는 민감도를 계산하는 방법은 다음과 같다.

주요 가정

1. 제품 A는 생산 과정에서 1,000kWh의 전력을 사용함.
2. 기본 탄소 배출 계수는 0.5kg CO_2-eq/kWh로 설정
3. 총 GWP는 다음 식으로 계산할 수 있음.

$$GWP=E\times EF$$

여기서:

- E: 총 전력 사용량(kWh)=1,000kWh
- EF: 탄소 배출 계수(kg CO_2-eq/kWh)

민감도 계산 과정

1. 기본 GWP 계산:

- 기본 탄소 배출 계수 EF = 0.5kg CO_2-eq/kWh
- GWP=1,000 × 0.5 = 500kg CO_2-eq

2. 탄소 배출 계수를 ±10%씩 변경하여 GWP 값을 계산:

- EF 증가: 0.5 × 1.1 = 0.55kg CO_2-eq/kWh
- GWP 증가: 1,000 × 0.55 = 550kg CO_2-eq
- EF 감소: 0.5 × 0.9 = 0.45kg CO_2-eq/kWh
- GWP 감소: 1,000 × 0.45 = 450kg CO_2-eq

3. 민감도 계산:

- 출력 변화(Δy) = 550 - 450 = 100kg CO_2-eq
- 입력 변화(Δx) = 0.55 - 0.45 = 0.1kg CO_2-eq/kWh
- 민감도(S) $= \dfrac{\Delta y}{\Delta x} = \dfrac{100}{0.1} = 1{,}000$

민감도가 1,000 이라는 의미는 탄소 배출 계수가 1단위 증가할 때, GWP가 1,000 단위 증가함을 의미하므로, 탄소 배출 계수는 전과정평가(LCA) 결과에서 매우 중요한 변수로 고려할 수 있다. 다음은 시나리오 변경에 따른 민감도 분석의 예시이다.

주요 가정

전력 믹스의 배출계수(EF = 0.7kg CO_2-eq/kWh)를 고정한 상태에서, 전력 사용량의 변화가 온실가스 배출량(GWP)에 미치는 영향을 계산함.

1. 시나리오

- 기본 시나리오(Scenario A): 전력 사용량 E=2,000kWh
- 변경 시나리오(Scenario B): 전력 사용량 E=1,800kWh로 10% 감소

2. 계산식

$$GWP = E \times EF$$

여기서:

- E: 전력 사용량(kWh)
- EF: 전력의 배출 계수(kg CO_2-eq/kWh, 고정값)

계산 과정

1. 기본 시나리오(Scenario A):

- E = 2,000kWh, EF = 0.7kg CO_2-eq/kWh
- GWP_A = 2,000 × 0.7 = 1,400kg CO_2-eq

2. 변경 시나리오(Scenario B):

- E = 1,800kWh, EF = 0.7kg CO_2-eq/kWh
- GWP_B = 1,800 × 0.7 = 1,260kg CO_2-eq

3. GWP 변화량(ΔGWP)

$$\Delta GWP = GWP_A - GWP_B = 1,400 - 1,260 = 140\text{kg } CO_2\text{-eq}$$

민감도 계산

민감도(S)는 입력 변수 변화율 대비 출력 변수 변화율로 계산함.

1. 입력값 변화율(ΔE/E):

$$\Delta E/E = \frac{2{,}000 - 1{,}800}{2{,}000} = 0.1(10\%)$$

2. 출력값 변화율(ΔGWP/GWP$_A$):

$$\Delta GWP/GWP_A = \frac{1{,}400 - 1{,}260}{1{,}400} = 0.1(10\%)$$

3. 민감도(S):

$$S = \frac{\Delta GWP/GWP_A}{\Delta E/E} = \frac{0.1}{0.1} = 1$$

위의 예시의 경우 전력 사용량이 1% 변할 때, 온실가스 배출량도 1% 변함을 의미하며, 이는 전력 사용량이 온실가스 배출량에 비례적으로 영향을 미친다는 것을 나타낸다. 일반적으로 결과가 10% 이상 차이 날 경우에는 초기 데이터에 대한 확인이 필요하다.

일관성 검사(Consistency check)의 목적은 전체 전과정평가 수행에 사용된 방법, 과정, 데이터, 가정 등이 일관적으로 적용되었는지를 평가하는 것으로 특히 일관성 검사에서는 적용된 것과 범위설정에서 정의한 것 사이의 불일치를 세밀히 조사한다. 다음과 같은 질문을 통해서 일관성 검사를 진행한다. 1) 지역적 또는 시간적 차이점을 일관적으로 적용했는가? 2) 할당방법과 시스템 경계를 모든 제품 시스템에 일관적으로 적용했는가? 3) 전과정 영향평가에서 특성화 계수 및 방법을 일관적으로 적용했는가? 4) 범위설정에서 정의한 데이터 품질 기준이 전과정평가 연구 과정 전반에서 일관적으로 적용되었는가? 5) 가중치 부여 방법 및 계수를 일관적으로 적용했는가?

1. 지역적 또는 시간적 차이점을 일관적으로 적용했는가?

데이터가 서로 다른 지역 또는 시간에 걸쳐 수집되었을 경우, 이러한 차이가 결과에 미칠 영향을 고려해야 함. 예를 들어, 전력의 재생에너지 비율은 지역마다 다를 수 있고, 특정 기술의 효율성은 시간에 따라 개선되며 차이가 발생할 수 있음. 따라서 모든 데이터가 동일한 지역적 또는 시간적 맥락을 반영하는지 확인하거나, 동일하지 않을 경우 이에 따른 영향을 분석해야 함.

2. 할당방법과 시스템 경계를 모든 제품 시스템에 일관적으로 적용했는가?

할당(Allocation)은 여러 제품이나 공동 생산물 사이에 환경 부하를 분배하는 과정으로, 시스템 경계 설정은 분석의 범위를 정의함. 만약 각 제품 시스템에 다른 할당 방법이나 경계를 적용하면 비교 가능성이 낮아짐. 따라서 동일한 할당 기준(예: 물리적, 경제적)을 사용하고, 시스템 경계를 동일한 기준으로 정의했는지 확인해야 함. 예를 들면 두 제품 시스템을 비교하는데 하나는 물리적 할당(예: 에너지 소모량 기준)을 사용하고 다른 하나는 경제적 할당(예: 제품의 시장가치 기준)을 사용하면, 분석 결과가 왜곡될 수 있음.

3. 전과정 영향평가의 요소인 특성화 계수 및 방법을 일관적으로 적용했는가?

특성화 계수는 특정 물질의 환경영향을 나타내는 값으로, 이를 계산하는 방법론이 통일되어야 결과의 신뢰성을 유지할 수 있음. 예를 들어, 온실가스 배출량을 계산할 때, 일부 데이터는 IPCC 특성화 계수를, 다른 데이터는 다른 계수를 사용하면 비교가 불가능함.

4. 범위설정에서 정의한 데이터 품질이 전과정평가 연구에서 일관적인가?

범위설정(Goal and Scope Definition)에서 데이터 품질 요구사항(예: 지역성, 시간성, 기술적 관련성 등)을 정의했을 경우, 실제 데이터가 이 요구사항을 만족하는지 확인해야 함. 예를 들어 특정 프로세스 데이터를 '지난 5년 이내의 데이터'로 설정했는데, 일부 데이터가 10년 이상 된 경우, 결과가 왜곡될 가능성이 있음.

5. 가중치 부여 방법 및 계수를 일관적으로 적용했는가?
가중치 부여는 다기준 환경영향을 통합적으로 평가하기 위한 단계임. 예를 들어, 기후변화에 50% 가중치를 두고 자원고갈에 30% 가중치를 둔다고 설정했는데, 일부 분석에서는 자원고갈에 더 높은 가중치를 두었다면 결과 해석이 모호해짐.

일관성 검사 결과를 해석할 때, 일관성이 높은 경우에는 전과정평가의 범위 설정, 데이터 품질, 특성화 방법론이 연구 전반에서 동일한 기준에 따라 적용되었음을 의미한다. 이를 통해 연구 결과의 신뢰성이 높아지고, 다른 연구와의 비교 가능성이 향상되며, 결과 해석의 일관성이 유지될 수 있다. 반면, 일관성이 낮은 경우, 연구 과정에서 적용된 방법론과 데이터 처리 방식을 재검토하고, 필요하면 연구 설계를 수정하고 보완해야 한다.

(3) 결론 도출 및 권장 사항 제시

결론을 도출하는 단계로 1) 제품 시스템의 주요인자를 규명, 2) 완전성, 민감도, 일관성 검사에 대한 결과의 평가, 3) 1, 2번의 반복(Iterative)을 통한 보완 후 결론 도출의 순서로 진행된다. 권장사항은 연구의 최종 결론을 기반으로 논리적이고 합리적인 결과로 제시되어야 한다.

특히, 결론 도출은 단순히 데이터를 해석하는 것을 넘어, 반복적으로 분석 결과를 검토하고 보완하는 과정으로 결과가 신뢰성과 재현성을 확보할 때까지 데이터를 수정하거나 가정을 조정하며, 분석 과정을 개선한다. 예를 들어, 새로운 주요 인자나 데이터 누락이 발견될 경우, 이를 다시 분석에 반영해야 하며, 검토 과정에서 결과의 신뢰성이나 일관성에 의문이 제기되면 분석 범위나 데이터 수집 방법을 재조정하여 전과정평가를 다시 수행해야 한다.

또한, 권장 사항은 전과정평가의 결과와 직접적으로 연계되어야 하며, 결론의 근거를 명확히 설명할 수 있어야 한다. 또한 기술적·경제적 제약을 고려한 실현 가능한 방안을 제시하는 것이 중요하다. 예를 들어, “제품의 탄소발자국을 줄이기 위해, 생산 과정에서 재생에너지 사용 비율을 30% 이상으로 높이는 것을 권장한다.” 또는 “주요 환경영향 기여자인 물류 과정의 탄소 배출을 줄이기 위해, 운송 경로 최적화를 검토할 것을 제안한다.”라는 방식으로 의견을 제안할 수 있다. 이처럼 전과정평가의 결과를 기반으로 논리적이고 합리적인 개선 방향을 도출하여 환경영향 저감을 목표로 해야 한다.

단원정리

1. 제품 시스템의 주요 인자 규명

- 기여도 분석 및 Hotspot 분석을 통해 환경영향을 가장 크게 유발하는 요소를 식별
- 주요 인자를 규명하여 개선 방안을 도출할 수 있는 기반 마련
- 제품의 생산, 사용, 폐기 단계에서 각각의 환경영향을 구체적으로 파악

2. 완전성, 민감도, 일관성 검사의 평가

- 완전성 검사: 데이터 및 프로세스가 연구 범위를 충분히 충족하는지 평가
- 민감도 검사: 가정 및 데이터의 변화가 연구 결과에 미치는 영향을 분석
- 일관성 검사: 연구의 범위 설정, 데이터 품질, 특성화 계수 등이 일관되게 적용되었는지 확인

3. 반복(Iterative) 보완 과정

- 평가 과정에서 발견된 주요 인자, 데이터 누락, 가정의 불확실성을 지속적으로 개선
- 신뢰성과 재현성을 갖춘 최종 결과 도출
- 수정된 데이터를 기존 분석에 다시 반영하여 최적화된 결론 도출

4. 권장사항의 제시

- 결과에 근거한 논리적이고 실현 가능한 권장사항을 도출
- 환경영향을 줄이기 위해 재생에너지 비율 증가, 운송 경로 최적화 등 구체적 방안 제시

읽을 거리

(1) 김익, & 허탁(2022). 환경 전과정평가. 동화기술.

(2) Weidema, B. P., & Wesnæs, M. S.(1996). Data quality management for life cycle inventories - An example of using data quality indicators. Journal of Cleaner Production, 4(3-4), 167-174.

(3) Hauschild, M. Z., Rosenbaum, R. K., & Olsen, S. I.(2018). Life cycle assessment: Theory and practice. Springer.

(4) European Commission.(2010). ILCD Handbook: General guide for life cycle assessment - Detailed guidance. Publications Office of the European Union.

4.
LCA의 적용 분야

LCA는 제품, 공정 및 서비스의 전 과정에 걸친 환경영향을 평가하는 방법론으로 지속 가능한 산업과 정책 개발의 핵심 도구로 활용되고 있다. 최근 기후변화 대응과 자원 순환 강화를 위한 글로벌 환경 규제가 강화됨에 따라, LCA의 적용 범위가 더욱 확대되고 있는 상황이다. 이에 따라 기업과 정부 기관은 LCA를 활용하여 환경 친화적인 정책을 수립하고, 제품의 친환경성을 입증하는 데 적극적으로 활용하고 있으며 앞으로 LCA의 중요성은 더욱 커질 것으로 예상된다.

4.1 친환경 제품 설계(Eco-Design)

학습목표

- 친환경 제품 설계(Eco-Design)의 개념과 필요성을 이해하고, 전통적인 환경 관리 방식과의 차이를 설명할 수 있다.

초기의 환경관리는 오염물질이 발생한 후 이를 처리하고 제거하는 '사후처리' 방식으로 진행되어 왔다. 이 방식은 주로 산업 시설이나 공장에서 배출되는 오염물질이 환경으로 배출되기 전에 정화하거나 제거하는 데 중점을 두며, 배출 후 환경 오염의 즉각적인 문제 해결을 주요 과제로 삼았다. 그러나 이러한 방식은 오염 문제를 즉각적으로 해결할 수 있지만, 오염물질의 지속적인 배출을 근본적으로 줄이지는 못한다는 한계를 가진다. 또한, 산업이 고도화됨에 따라 배출되는 오염물질의 종류와 양이 증가하면서, 이를 효과적으로 제거하기 위한 기술 개발에도 한계가 발생하였다. 또한 사후처리 기술은 새로운 오염물질이 발생되거나 유입 오염물질의 양이 증가할 경우, 추가적인 처리 장치가 필요하게 되어 처리 비용이 증가하는 단점이 있다.

이러한 문제를 최소화하기 위한 방법으로, 오염물질의 발생 자체를 줄이거나 예방하는 '사전처리' 방식의 환경 관리 전략이 주목받고 있다. 즉, 오염물질 발생을 원천적으로 최소화하고, 재사용 및 재활용을 증대하는 방법을 제품 생산 단계부터 고려하는 방식이다. 많은 국가에서는 환경 규제를 강화하여 기업이 오염물질 배출을 줄이기 위한 사전 예방 조치를 취하도록 요구하고 있으며, 이와 같은 개념을 '에코디자인(Eco-design)' 또는 '친환경 제품 설계(Green Product Design)' 이라고 한다.

친환경 제품 설계는 제품의 전체 생애주기 동안 환경영향을 최소화하도록 설계하는 방법론으로, 자원의 효율적 사용, 유해 물질의 감소, 에너지 소비 절감, 재사용 및 재활용 용이성 향상 등을 목표로 한다. 친환경 제품 설계는 단순히 환경적 요소만을 고려하는 것이 아니라, 제품의 기능, 품질, 시장 경쟁력 등 다양한 요소를 균형있게 고려하는 제품 설계 접근법이다. ISO는 "제품과 서비스의 환경적 측면을 제품 설계에 접목시키는 행위"라고 에코디자인을 정의하고 있으며, 환경 친화적인 제품 설계를 국제 표준화하여 지속 가능한 생산 및 소비를 촉진하고자 한다.

특히 유럽에서는 제품의 에너지 효율과 환경보호 수준 향상, 에너지 관련 제품의 자유로운 이동과 교역 촉진, 소비자에게 보다 효율적인 제품을 선택할 수 있는 정보 제공을 목적으로 에코디자인 지침을 도입하고 있다.

EU 에코디자인 지침의 대상 제품 선정 기준은 다음 3가지 기준을 충족해야 한다. 이러한 기준을 바탕으로 제품의 환경 성능을 평가하고, 지속 가능한 생산과 소비를 유도하는 방향으로 제품 설계를 개선하도록 요구하고 있다.

규정 1: 유럽에 상당한 수준으로 판매되며 가장 최근 자료 기준으로 「연 20만 대 이상」 판매되는 제품
규정 2: 「Decision No 1600/2002/EC(the Sixth Community Environment Action Programme)」에 의해 유럽에서 환경적으로 큰 영향을 미치는 제품
규정 3: 제품의 환경영향 개선 가능성이 충분한 제품

EU 에코디자인 제품 검사 결과, 제품이 소비자의 안전과 건강, 환경, 재산에 영향을 미친다고 판단될 경우 조치되는 사항은 다음과 같다.

1. 위험요소의 제거(제품 철수는 안 함)
2. 허위로 표기하거나 혼동을 일으키는 CE마킹을 한 제품에 대해서는 회원국별로 벌칙과 벌금이 부과
3. 여타 회원 당국에 문제 통보 및 공유

에코디자인의 주요한 사항은 (1) 전과정적 접근, (2) 다중요소의 고려, (3) 시스템적 접근, (4) 다른 환경활동과의 연계가 있다.

(1) 전과정적 접근

에코디자인은 제품의 전체 생애주기 동안 발생하는 잠재적인 환경영향을 분석하고 이를 개선하고자 하는 기법이다. 단순히 제품의 생산 단계에서의 환경영향을 줄이는 것이 아니라, 원재료 채굴, 제조, 수송, 사용, 폐기 단계에서 발생하는 모든 환경영향을 고려하는 것이 특징이다. 특히, 환경 책임이 제품, 즉 생산자에게 집중됨에 따라 제조 공정뿐만 아니라 제품 사용 단계에서 발생하는 에너지 소비와 배출물에도 영향을 미친다는 점을 인식하는 것이 중요하다. 제품의 제조 전, 수송, 제조, 사용, 폐기에 이르는 일반적인 개념 이외에 제품 개발 또는 제품과 관련된 모든 요

소를 고려하는 것으로 그 범위를 확장하는 경우도 있다.

(2) 다중요소의 고려

에코디자인이 기존 환경 개선 활동과 차별화되는 점은 제품 개발 과정에 환경을 고려하면서 동시에 품질, 비용, 디자인 등 다른 요소를 통합적으로 고려하는 점이다. 실제 제품 개발 과정과 에코디자인 수행 시 다중요소를 고려하는 것은 매우 어렵고 복잡한 일이라 할 수 있다. 그 이유는 환경과 품질, 비용과 디자인 등 이러한 중요한 측면 간에 우선순위를 정하거나 모든 요소에 유리한 설계대안을 찾는 것은 매우 어렵기 때문이다. 따라서 제품 개발 과정에 에코디자인을 적용하는 데 있어 다양한 요소 간의 상대평가와 우선순위를 정하기 위하여 다양한 평가 도구가 활용되기도 한다.

(3) 시스템적 접근

제품 개발은 많은 내부적, 외부적 요소들이 고려되어야 하므로 조직 내 다양한 부서와의 협업이 필요하다. 제품 개발이 단지 좋은 컨셉만을 가지고 이루어지는 것이 아니고 재정적, 기술적 실현가능성이 뒷받침되어야 하기 때문에 개발실 또는 설계팀에 의해 주도적으로 이루어진다고 해도 다양한 조직 내의 시스템과 기능이 필요하다. 즉, 에코디자인 적용 시 경영진을 비롯하여 구매부, 생산부, 환경팀, 홍보팀 등이 개발팀과 긴밀히 협력하는 것이 필수적이다.

(4) 다른 환경활동과의 연계

에코디자인은 기업의 다른 환경활동과의 연계가 가능하다. 예를 들어 에코디자인을 제품 개발 과정에 적용시키고 그 결과를 이해관계자에게 알리는 측면에서 환경경영시스템, 환경라벨링, 환경보고서 등이 최근에 관심이 높아지는 ESG 활동과 매우 밀접한 관계에 있다고 할 수 있다. 특히 환경라벨링과 환경보고서는 기업의 환경활동을 통하여 잠재적인 소비자에게 정보를 제공함으로써 추후 시장을 확대할 수 있는 기회가 될 수 있다.

친환경 제품 설계(Eco-design) 기대효과로는 1) 환경의 개선, 2) 환경과 관련된 국제적인 무역규제 대응, 3) 제품 차별화, 4) 비용 및 리스크 감소를 예상할 수 있으며, 상세 내용은 다음과 같다.

(1) 환경의 개선

가장 직접적인 효과로 제품의 환경성이 향상되어 지역적, 국가적, 세계적인 차원에서 환경 개선에 기여할 수 있다. 또한, 지속가능한 생산과 소비를 촉진하여 장기적으로 지속가능한 사회 구축에 중요한 역할을 할 수 있다.

(2) 환경과 관련된 국제적인 무역규제에 대응

각국의 환경정책은 제품에 초점을 맞추어 다양한 규제수단을 운영하고 있다. 특히 환경라벨, 생산자 재활용 의무, 제품의 환경성에 따른 차별화된 세금체계, 단계별 유해물질 사용금지 정책 등이 주요 이슈로 부상하고 있다. 이에 따라 에코디자인은 제품의 설계단계에서 이러한 각국의 현재 또는 잠재적인 규제를 고려함으로써 이러한 규제에 능동적으로 대처할 수 있는 기회를 제공한다.

(3) 제품 차별화

품질, 비용 등 더 이상 차별화가 어려운 시장에서 제품 차별화가 가능하다. 친환경 제품에 대한 소비자의 선호도가 증가함에 따라 브랜드 이미지와 고객 충성도를 높이는 효과를 기대할 수 있다. 또한, 궁극적으로 에코펀드와 같이 환경친화적 기업에 대한 투자의 대상이 될 가능성이 높아진다.

(4) 비용 및 리스크 감소

제품의 전 과정에서 발생할 수 있는 환경적 위험 요소를 사전에 파악하여 환경 오염과 관련된 비용을 절감할 수 있으며, 환경 규제 강화로 인한 법적 리스크를 최소화하여 기업이 지속가능한 경영을 실현하는 데 기여할 수 있다.

에코디자인 전략은 기업이 달성하고자 하는 목표를 위하여 설정한 추진 방향을 의미한다. 제품개발에 있어 환경을 비롯한 다양한 내부적, 외부적 요소를 통합적으로 고려하여 기업가치를 극대화하기 위한 기업의 환경경영 전략으로 1) 유해물질 저감, 2) 환경배출물 저감, 3) 재활용가능성 향상, 4) 에너지 효율 향상, 5) 물질사용량 저감, 6) 사용수명 최적화 등을 고려한다.

(1) 유해물질 저감

원료 또는 부품과 제품의 제조, 제품의 사용 그리고 폐기되는 시점까지 사용 또는 배출되는 유해물질의 양을 최소화하기 위한 에코디자인 전략으로, 제품을 제조, 사용, 폐기함에 있어서 유해물질을 최대한 인간과 자연에 노출시키지 않는 것이 목적이다.

(2) 환경배출물 저감

제품의 전과정 동안 발생되는 환경영향을 유발하는 대기배출물, 수계배출물, 고형폐기물 등을 저감하는 전략은 환경배출물의 배출량을 줄이기 위한 에코디자인 전략이다.

(3) 재활용가능성 향상

제품 설계단계에서부터 제품 재활용의 경제성과 기술 측면을 고려함으로써 보다 효과적인 재활용이 될 수 있도록 하여 사용 이후에 제품이 폐기되지 않고 재활용 될 수 있는 비율을 높이기 위한 에코디자인 전략이다. 제품개발단계에서 재활용 가능성이 향상되면 폐기물 발생량이 감소될 뿐만 아니라 재활용으로 인한 새로운 자원의 소비를 자연스럽게 줄일 수 있는 효과를 볼 수 있다. 또한 폐기물 발생량 감소는 '환경배출물 저감' 전략을 실현하고, 자원 소비의 감소는 '물질사용량 저감' 전략을 실현할 수 있다. 추가적으로 일차적인 환경개선 이외에도 자원고갈을 비롯한 지구온난화, 오존층파괴, 산성화, 부영양화, 인체독성 그리고 생태계독성 영향을 잠재적으로 개선시킬 수 있는 전략이다.

(4) 에너지효율 향상

에너지는 원료와 부품을 포함한 제품제조공정에서 필연적으로 소비되고 있으며 전자제품의 경우 사용단계에서의 중요한 환경이슈로 인식된다. '에너지 효율 향상'은 제품 전과정에서 에너지 소비량을 저감하기 위한 전략으로서 제품생산 단계와 사용단계에서의 에너지 효율 향상을 목적으로 한다. 에너지 효율 향상을 통하여 직접적인 에너지 소비량을 줄일 수 있을 뿐만 아니라 에너지 생산 시 발생되는 환경영향 즉 자원고갈, 지구온난화, 산성화, 부영양화, 인간독성 등의 개선이 가능하다.

(5) 물질사용량 저감

제품 제조를 위해 요구되는 자원의 소비를 최소화하는 에코디자인 전략으로, 사용되는 물질(자원)의 양을 저감하는 것은 비용의 절감과도 직결된다. 제품설계과정에서 물질사용량을 효과적으로 절감할 수 있는 방법으로서 제품 중량 또는 부피의 감소나 수율(Yield) 향상 등을 통한 자원소비량 감소가 적용되며, 1차적으로는 자원소비를 줄이고 물질 생산 시 발생되는 지구온난화와 산성화 등의 환경영향을 감소할 수 있다.

(6) 사용수명 최적화

사용수명 최적화는 제품이 고장이나 성능저하의 이유로 조기 폐기되는 것을 막기 위한 에코디자인 전략으로 제품의 조기폐기는 폐기물을 발생시키는 것은 물론 대체 제품을 생산하기 위한 추가적인 환경영향을 발생시킬 수 있기 때문에 제품 설계단계에서 고려되어야 할 측면이 있다. '사용수명 최적화' 전략을 실현하기 위한 활동으로서 제품의 사용법, 이상 상태에 대한 진단 및 해결 방법 등에 대한 정보를 제공하고, 사용자가 제품을 쉽게 분해하거나 조립할 수 있도록 설계되어야 한다. 이에 대한 기업의 관점은 상반될 수 있는데, 제품 수명을 연장할 경우 해당 제품의 수요가 감소하여 결국 기업이 손해를 보게 된다는 관점과 제품의 수명을 최적화하는 것이 기업이나 제품에 대한 신뢰도를 상승시켜 잠재적으로 더 큰 효과를 얻을 수 있다는 관점도 존재한다.

친환경제품설계(Eco-design) 수행절차 및 단계별 활동은 제품개발 유형에 따라 결정한다. 기존 제품에 대한 환경성 개선을 목적으로 할 경우 에코디자인 전략, 즉 방향을 설정하거나 다양한 대안에 대한 정확한 평가가 용이하다. 반면 완전히 새로운 개념의 제품을 개발할 경우 활용할 수 있는 정보나 경험이 부족하여 설계자의 창조적인 아이디어에 많이 의존하게 되는 경향이 있다.

절차 1. 제품의 환경적 성과 개선을 위한 대상 제품 선정

절차 2. 제품의 구성 부품들을 파악

Bill of material(BOM)을 사용할 수 있으며, 그렇지 않은 경우에는 제품을 분해하여 부품과 구성 소재를 파악하고, 기존 제품과 부품들의 기능을 분석함. 이때 각 부품기능이 최종 제품 기능을 구현하는 순서를 파악한 후 부품 기능들 간의 연계 흐름을 작성하고 제품의 기능구조를 도출

절차 3. 기존 제품을 대상으로 제품의 내적 및 외적 환경적 취약점 파악

분석 도구를 활용하여 제품 취약점을 파악함

절차 4. 제품의 환경적 설계지표 및 목표 설계스펙 도출

파악된 환경적 취약점을 토대로 하여 설계지표 및 스펙을 도출

절차 5. 환경적 취약점을 제품 기능으로 전환

도출되는 새로운 기능과 기존 제품의 기능을 비교해서 설계대상 제품에 새로이 도출된 기능을 추가하거나 기존 기능을 변형하거나 삭제함

환경 관리는 초기의 사후처리 방식에서 벗어나, 오염을 사전에 예방하고 지속 가능한 생산 방식을 도입하는 방향으로 변화하고 있다. 특히, 전 세계적으로 강화되는 환경 규제와 기후변화 대응 전략에 따라, 기업들은 오염물질 배출을 최소화하고, 자원 효율성을 높이는 친환경 경영이 필수적인 요소로 자리 잡았다. 이러한 변화 속에서 에코디자인 개념은 중요한 역할을 하며, 제품의 전 과정에서 환경영향을 최소화하는 전략을 제공할 수 있다. 전과정적 접근, 다중요소 고려, 시스템적 접근, 그리고 다른 환경 활동과의 연계 등을 통해, 에코디자인은 기업이 환경적 책임을 다하면서도 품질과 경제성을 고려한 균형 잡힌 제품을 개발할 수 있도록 돕는다. 유해물질 저감, 환경배출물 감소, 재활용 가능성 향상, 에너지 효율 향상, 자원 사용량 저감, 사용수명 최적화 등 다양한 에코디자인 전략을 적용함으로써, 기업은 환경 보호와 함께 경쟁력을 확보할 수 있으며, 국제적인 무역 규제에도 능동적으로 대응할 수 있는 기회를 가질 수 있다.

단원정리

1. 환경 관리의 변화

- 오염물질 배출 후 이를 제거하는 사후처리(Post-treatment) 방식에서 오염 발생을 원천적으로 줄이는 사전처리(Prevention) 방식으로 발전함.
- 사전처리 개념을 반영한 것이 에코디자인(Eco-design, 친환경 제품 설계)이며, 제품 생산 단계부터 환경영향을 최소화하는 접근법임.

2. 에코디자인의 개념

- 제품의 전체 생애주기(Life cycle) 동안 환경영향을 최소화하는 설계 방식
- 자원 효율성 증대, 유해물질 감소, 에너지 절감, 재사용·재활용 용이성 향상 등을 목표로 함.

3. 에코디자인의 주요 원칙

- 전과정적 접근(Life cycle approach): 제품의 생애주기 전체(원료 채굴 → 제조 → 사용 → 폐기)에서 환경영향을 분석하고 개선
- 다중요소 고려: 품질, 비용, 디자인 등 다양한 요소를 종합적으로 고려하여 최적 설계안 도출
- 시스템적 접근: 경영진, 구매, 생산, 환경 등 다양한 부서의 협업 필요
- 다른 환경활동과 연계: ESG 경영, 환경경영시스템(EMS), 환경라벨링과 연계 가능

4. 에코디자인 전략

- 유해물질 저감: 제품 생산·사용·폐기 시 유해물질 배출 최소화
- 환경배출물 저감: 대기·수질·폐기물 배출을 줄이는 설계 적용
- 재활용 가능성 향상: 폐기 후 재활용이 용이하도록 설계
- 에너지 효율 향상: 제조·사용 단계에서 에너지 소비 절감
- 물질 사용량 저감: 제품 중량 감소 및 자원 효율화

- 사용수명 최적화: 내구성 강화, 수리·업그레이드 용이하게 설계

5. 에코디자인 수행 절차

(1) 환경 성과 개선 대상 제품 선정
(2) 제품의 구성 요소 및 부품 파악(BOM 활용 또는 분해 분석)
(3) 기존 제품의 환경적 취약점 분석(환경 평가 도구 활용)
(4) 환경적 설계 지표 및 목표 수립
(5) 환경 취약점을 고려한 제품 기능 개선

읽을 거리

(1) 정재수 & 이건모(2004). 친환경제품설계를 위한 개선안 도출 방법론. 대한환경공학회지, 26(12), 1370-1379.
(2) 안중우(2005). 친환경제품설계. 동화기술.
(3) 조지혜, 김영희 & 신동원(2022). 순환경제를 위한 '지속가능한 제품 설계' 활성화 연구. 한국환경연구원

4.2 탄소국경조정제도(CBAM)

학습목표

- 탄소국경조정제도(CBAM)의 개념과 목적을 이해하고, CBAM이 글로벌 무역 및 기업 환경에 미치는 영향을 분석할 수 있다.

탄소국경조정제도(Carbon Border Adjustment Mechanism, CBAM)는 유럽연합(EU)이 기후변화 대응 및 탄소중립 목표 달성을 위해 2023년 5월 17일 승인한 제도로, 탄소 비용이 반영되지 않은 수입품에 대해 EU 내 생산 제품과 동일한 수준의 탄소 비용을 부과하는 방식으로 운영된다. 이를 통해 탄소 누출(Carbon leakage)을 방지하고 EU의 기후 목표를 실현하는 것이 주요 목적이다. 탄소 누출이란 기업이 엄격한 환경 규제를 피하기 위해 탄소 규제가 덜한 국가로 생산시설을 이전하는 현상을 의미하며, CBAM은 이를 방지하는 수단으로 기능한다.

CBAM은 철강, 시멘트, 알루미늄, 비료, 전력, 수소 및 일부 2차 가공 제품(예: 볼트 등)과 같은 탄소 집약적인 산업을 주요 대상으로 한다. 2023년 10월 1일부터 2026년 1월 1일까지는 전환기간으로 설정되어 있으며, 이 기간 동안에는 EU로 수입되는 제품의 탄소 배출량 정보를 의무적으로 보고해야 한다. 2026년 이후부터는 보고 의무에 더해, 수입품에 내재된 탄소 배출량에 상응하는 CBAM 인증서를 구매하고 제출해야 하는 제도가 본격적으로 시행된다. 기업들은 개별 사업장에서 발생하는 직·간접 온실가스 배출량, 전력 소비량, 원산지에서 지불한 탄소 가격 등 다양한 증빙자료를 제출해야 하며, 기한 내 미제출 시 인증서당 100유로의 벌금이 부과된다.

CBAM의 시행으로 인해 EU 내 기업들이 탄소 배출 비용을 부담하는 것처럼, EU 외부에서 생산된 제품도 동일한 비용을 부담해야 하는 구조가 형성된다. 이는 비 EU 국가 기업들에게 탄소 배출 감축을 유도하는 압박 수단으로 작용하며, 글로벌 차원의 온실가스 감축을 촉진하는 역할을 한다. CBAM과 LCA는 상호 보완적인 관계를 가지며, 탄소 배출량 평가 및 감축 전략 수립에 긴밀하게 연결되어 있다. 전과정평가는 제품이나 서비스의 생애주기 동안 발생하는 모든 환경영향을 평가하는 방법론으로, 각 단계에서 발생하는 온실가스 배출량을 비롯한 다양한 환경적 요소를 종합적으로 분석할 수 있다. CBAM은 이러한 LCA 데이터를 기반으로 특정 제품의 탄소 배출량을 산정하고, 이를 기준으로 탄소 비용을 부과하는 방식으로 운영된다. 따라서 전과정평가는 CBAM의 신뢰성을 높이고, 탄소 배출량 산정의 객관적 기준을 제공하는 중요한 역할을 한다.

기업들은 LCA를 활용하여 제품의 탄소 배출량을 사전에 평가하고, 감축 방안을 마련함으로써 CBAM 부담을 줄일 수 있다. 또한 CBAM은 전과정평가에서 도출된 저감 방안을 현실화하여 기업들이 자발적으로 탄소 배출을 줄일 수 있는 과학적 근거를 제공하는 역할을 한다. 이러한 상호 연계를 통해 CBAM과 LCA는 기업들의 지속 가능한 생산 전환을 촉진하는 데 기여할 것으로 예상된다.

CBAM은 EU ETS와 긴밀하게 연동되어 운영된다. EU ETS는 EU 역내 기업들이 일정량의 탄소 배출권을 할당받고, 이를 거래할 수 있도록 하는 시장 기반의 제도로, 기업들이 탄소 배출을 감축할 경제적 유인을 제공하는 역할을 한다. 또한, EU 외부에서 생산된 제품에도 EU ETS와 동일한 수준의 탄소 가격을 부과함으로써, 역내외 기업 간 공정한 경쟁 환경을 조성하는 데 기여한다. EU로 제품을 수출하는 기업들은 CBAM을 통해 자국에서의 탄소 배출 비용을 증명해야 하며, 이를 입증하지 못할 경우 부담금을 추가로 납부해야 한다. 그러나, 만약 해당 수출국이 자체적인 ETS를 운영하고 있으며, EU가 이를 인정할 경우, 해당 국가에서 이미 지급한 탄소 배출 비용은 CBAM 부담금에서 차감될 수 있다.

우리나라는 탄소배출권 거래제(K-ETS)를 운영하고 있기에 한국의 K-ETS가 EU로부터 인정받을 경우, 한국 기업들은 EU로 수출할 때 CBAM 부담금을 줄일 수 있다.

표 4-1. 유럽 및 한국 배출권 거래제 특징 비교

항목	EU ETS(유럽연합 배출권 거래제)	K-ETS(한국 배출권 거래제)
출범 연도	2005년	2015년
운영 지역	유럽연합(EU) 27개국 및 일부 협력국(노르웨이, 아이슬란드, 리히텐슈타인)	대한민국
법적 근거	EU 배출권 거래 지침(EU Directive 2003/87/EC)	온실가스 배출권의 할당 및 거래에 관한 법률
목적	탄소 배출 감축을 통한 기후변화 대응 및 EU 기후 목표 달성	국가 온실가스 감축 목표(NDC) 달성 및 저탄소 경제로 전환
적용 대상 산업	에너지(전력, 정유), 제조(철강, 시멘트, 화학), 항공(유럽 내 노선), 해운(2024년부터 단계적 도입)	발전, 제조, 폐기물, 건설, 항공 등
적용 기업 기준	연간 온실가스 배출량 25,000톤 이상	연간 온실가스 배출량 125,000톤 이상(기업 단위) 또는 25,000톤 이상(사업장 단위)
적용 가스	CO_2, N_2O, PFCs	CO_2, CH_4, N_2O, HFCs, PFCs, SF_6, NF_3(6대 온실가스 포함)

CBAM과 ETS의 연동으로 인해 글로벌 무역 환경에도 변화가 나타나고 있다. 과거에는 탄소 규제가 상대적으로 약한 국가에서 저비용 생산을

통한 가격 경쟁력 확보가 가능했지만, CBAM이 시행되면서 탄소 배출량이 많은 제품은 추가적인 비용 부담이 발생하게 되었다. 이에 따라 기업들은 탄소 배출을 줄이기 위한 기술 투자와 친환경 생산 방식으로의 전환이 필수적이 되었다.

특히, EU ETS와 K-ETS의 탄소배출권 가격 차이는 한국 기업에 불리한 영향을 미칠 가능성이 크다. 2024년 1월 기준, EU ETS의 배출권 가격은 1톤당 약 90달러 수준으로 형성되어 있는 반면, K-ETS의 배출권 가격은 1톤당 약 8,000~9,000원 수준으로 상대적으로 저렴한 편이다. 이로 인해 EU는 한국의 K-ETS가 충분한 탄소 비용을 반영하지 않는다고 판단할 수 있으며, K-ETS에서 배출권을 구매한 기업이 EU로 수출할 경우 CBAM 부담금을 추가로 지불해야 할 가능성이 높아진다.

CBAM과 ETS의 시행에 따라, 정부와 기업은 각각의 대응 전략을 마련할 필요가 있다.

(1) 기업 차원의 대응 전략

- LCA 도입: 제품의 전과정 탄소 배출량을 평가하고, 감축 전략을 수립하여 CBAM 부담을 줄여야 한다.
- 탄소 감축 기술 개발: 에너지 효율 개선, 재생에너지 전환, 탄소 포집·활용·저장(CCUS) 기술 도입을 통해 배출량을 저감해야 한다.
- K-ETS 활용: 탄소 배출권을 적극적으로 관리하고, 탄소 감축 노력을 증명하여 CBAM 부담금을 최소화해야 한다.

(2) 정부 차원의 대응 전략

- K-ETS의 국제적 인정 추진: EU와 협력을 통해 한국 ETS가 CBAM과

연계될 수 있도록 협상을 진행해야 한다.

- 기업 지원 정책 강화: 탄소 감축 기술 연구·개발(R&D) 지원, 세제 혜택, 인센티브 제도를 마련하여 기업들의 부담을 줄여야 한다.
- 국제 협력 확대: EU 및 주요 수출국과의 협력을 강화하여 CBAM과의 조화를 이루고, 한국 기업이 불이익을 받지 않도록 해야 한다.

CBAM과 ETS는 단순한 개별 규제가 아니라, 글로벌 탄소 감축 목표를 실현하기 위한 상호 연계된 정책으로 작용하고 있으며, LCA는 이러한 상황에서 지속가능한 성장을 위한 도구로 활용되고 있다.

단원정리

1. 탄소국경조정제도(CBAM)의 개요

- CBAM(Carbon Border Adjustment Mechanism)은 EU가 기후변화 대응 및 탄소중립 목표 달성을 위해 승인한 제도임.
- EU 내 생산 제품과 동일한 수준의 탄소 비용을 수입품에도 부과하여, 탄소 누출(Carbon leakage)을 방지하는 것이 주요 목적임.
- CBAM은 철강, 시멘트, 알루미늄, 비료, 전력, 수소, 일부 2차 가공 제품을 대상으로 함.

2. CBAM과 전과정평가의 연계

- CBAM은 제품의 탄소 배출량을 정확히 산정하기 위해 전과정평가(LCA) 데이터를 활용
- 기업들은 LCA를 활용하여 제품의 탄소 배출량을 사전에 평가하고 감축 전략을 마련함으로써 CBAM 부담을 줄일 수 있음.

3. CBAM과 EU ETS의 연계

- EU ETS는 EU 내 기업들이 탄소 배출권을 거래할 수 있도록 하는 시장 기반 제도
- CBAM은 EU 외부에서 생산된 제품에도 EU ETS와 동일한 수준의 탄소 가격을 적용하여, EU 기업과 비 EU 기업 간 공정한 경쟁 환경을 조성
- K-ETS가 EU로부터 인정받을 경우, 한국 기업들은 EU로 수출할 때 CBAM 부담금을 줄일 수 있음.

읽을 거리

(1) 유제철(2023). EU 탄소국경조정제도 대응 방안.

(2) 신서린 & 안유진(2024). EU 탄소국경조정제도 전환기간에 대한 정확한 이해와 대응. 대한환경공학회지, 46(4), 167-174.

(3) 김선욱 & 황용우(2023). EU 탄소국경조정제도 시행에 따른 국내 산업계 대응 방향 제언. 한국전과정평가학회지, 24(1), 1-4.

4.3 EU 배터리 규정과 자동차 전과정평가 동향

학습목표

- EU 배터리 규정의 주요 목적(환경 보호, 지속가능성, 자원 효율성)을 설명할 수 있다.
- 전과정평가의 개념과 필요성을 이해하고, 기존의 탄소배출 평가 방식(Well-to-Wheel)과의 차이를 설명할 수 있다.
- EU 배터리 규정이 자동차 전과정평가(LCA)에 미치는 영향을 분석하고, 더 나아가 지속가능한 공급망 관리(Sustainable Supply Chain Management, SSCM)의 개념을 이해할 수 있다.

EU 배터리 규정(EU Battery Regulation)은 배터리의 설계, 생산, 사용, 재활용 및 폐기까지의 전 과정에서 발생하는 환경적 영향을 최소화하고, 지속 가능한 배터리 산업을 구축하기 위해 도입된 법적 프레임워크이다. 이 규정은 환경 보호, 지속가능성, 자원 효율성을 핵심 목표로 하며, 전과정평가의 원칙을 적용하여 배터리의 환경 성능을 객관적으로 평가하는 것을 요구한다. EU에서는 2023년 7월에 규정을 채택하여, 2024년부터 단계적으로 시행 중이며, 2027년 전면 적용할 예정이다. 2024년부터 탄소발자국 데이터를 보고해야 하며, 일정 기준을 초과하는 배터리는 EU 시장에서 판매가 제한될 수 있다. 또한 2027년부터는 탄소 발자국에 따라 제품의 등급을 결정할 예정이다.

EU 배터리 규정의 주요 목표로 1) 환경 보호, 2) 지속가능성, 3) 자원 효율성을 포함하고 있으며 내용은 다음과 같다.

(1) 환경 보호

EU 배터리 규정은 배터리 생산과정에서의 유해물질 사용을 줄이고, 재활용 가능성을 높이기 위한 기준을 설정한다. 또한, 배터리의 전체 수명주기 동안 발생하는 탄소 발자국을 최소화하기 위해 탄소 배출 규제를 강화하고 있다.

(2) 지속가능성

배터리의 수명 연장과 재활용 촉진을 위해 배터리 설계 단계에서부터 재사용 및 재활용 가능성을 고려하도록 하고 있다. 이를 통해 배터리의 효율성을 높이고, 에너지 밀도와 안전성을 개선하기 위한 기술 개발을 장려하고 있다.

(3) 자원 효율성

배터리 생산에 필요한 원자재의 사용을 최적화하고, 재활용을 통해 자원의 순환을 촉진한다. 특히 리튬, 코발트, 니켈 등 중요 자원의 회수를 강화하고, 자원의 지속가능한 관리를 추진하고 있다.

주요 규정 사항으로 1) 전과정평가(LCA) 적용, 2) 라벨링 및 정보 공개, 3) 재활용 목표 설정, 4) 책임 생산자 제도, 5) 보고 및 모니터링 시스템 운영을 포함하고 있으며, 그 내용은 다음과 같다.

(1) 전과정평가(LCA) 적용

EU 배터리 규정은 배터리의 설계 및 생산 과정에서 전과정평가(LCA)를 실시하여, 환경영향을 체계적으로 분석하고 이를 최소화할 수 있는 방안을 모색하도록 한다. 이는 전과정평가(LCA)의 적용을 통해 배터리의 환경적 성능을 전반적으로 평가하고 개선할 수 있는 기회를 제공한다.

(2) 라벨링 및 정보 공개

배터리에 포함된 재료, 재활용 가능성, 에너지 밀도, 수명 등 중요한 정보를 라벨링하여 소비자와 이해관계자에게 투명하게 제공한다. 배터리의 환경적 성능과 지속가능성에 대한 정보를 공개하여, 소비자가 환경 친화적인 제품을 선택할 수 있도록 지원한다.

(3) 재활용 목표 설정

각 회원국은 배터리 재활용 목표를 설정하고, 이를 달성하기 위한 구체적인 계획을 수립해야 한다. 재활용 목표 달성을 위해 배터리 회수 및 재활용 시스템을 구축하고, 효율적인 운영을 보장한다.

(4) 책임 생산자 제도(Extended Producer Responsibility, EPR)

배터리 제조업체 및 수입업체는 제품의 전 생애주기에 걸쳐, 특히 수명 종료 이후의 폐기 및 재활용에 대한 책임을 부담한다. 이에 따라, 제조업체는 배터리의 재활용 가능성을 높이기 위한 기술적 조치를 마련해야 하며, 재활용된 자원을 신규 배터리 생산에 적극 활용하는 것이 권장된다.

(5) 보고 및 모니터링 시스템 운영:

EU 회원국은 배터리의 생산, 사용, 재활용에 관한 데이터를 체계적으로 수집하여 EU 집행위원회에 보고해야 한다. 아울러, 규정의 이행 여부를 지속적으로 모니터링하고, 관련 법규 준수를 확보하기 위한 감시 시스템을 구축·운영해야 한다.

EU의 배터리 규정은 단순한 환경규제를 넘어, 배터리 산업 및 자동차 산업 전반에 중대한 영향을 미치며 지속가능성을 위한 글로벌 전략의 흐름을 보여준다. 이에 따라 제품의 전과정에서 발생하는 탄소 배출량을 줄이고, 친환경 원자재 사용 확대 및 재활용 비율 향상을 통해 경쟁력을 확보해야만 하는 상황에 놓이게 되었다. 또한 지속가능성을 확보한 공급망 관리의 중요성이 부각되면서, 이는 곧 ESG 경영 전략의 강화를 요구하는 방향으로 이어지고 있다.

기후변화 대응과 탄소중립 목표 달성을 위한 글로벌 정책이 강화되면서, 자동차 산업에서도 환경영향을 평가하는 기준이 변화하고 있다. 전통적으로 자동차의 환경 규제는 운행 중 배출가스(예: CO_2, NO_x, PM 등) 중심으로 이루어졌으나, 최근에는 차량의 생산, 운행, 폐기 전과정에서 발생하는 환경영향을 종합적으로 평가하는 LCA 방식이 도입되고 있다. 전기차(EV)와 내연기관차(ICE)의 환경영향을 객관적으로 비교하기 위해 LCA는 필수적인 평가 방법이 되고 있으며, 유엔 유럽경제위원회(UNECE), EU, 미국, 중국 등 주요 국가와 기구에서 이를 자동차 산업의 핵심 규제로 설정하고 있다.

표 4-2. 자동차 평가 방식의 비교

평가 방식	개념	적용범위
Well-to-Wheel(WTW)	연료의 생산부터 차량 운행까지의 배출량 평가	연료 생산, 공급, 연소 단계 포함
Cradle-to-Grave(LCA)	차량의 생산, 운행, 폐기까지 전 과정 평가	원자재 채굴, 제조, 운행, 폐기 단계 포함

UNECE 자동차 규정의 조화를 위한 세계 포럼(World Forum for Harmonization of Vehicle Regulations, WP.29) 산하의 오염 및 에너지분과(Working Party on Pollution and Energy, GRPE)에서는 2022년 1월 85차 회의에서 한국과 일본 대표단의 공동 발의로 자동차 전과정평가 방법론에 대한 논의를 시작했다. 2022년 6월에는 UNECE 참여국, 자동차 NGO 및 주요 자동차 전과정평가 수행 기관들이 모여 워크숍을 성공적으로 개최했다. 이러한 교류의 결과로 GRPE 산하에 A-LCA(Automotive LCA) Informal Working Group(IWG)이 출범하였으며, 2023년부터 본격적으로 자동차 전과정 탄소배출량을 평가하는 글로벌 표준 수립 논의가 진행되고 있다. 세계 각국에서도 이러한 흐름에 맞추어 전과정평가 기반 규제를 점차 강화하는 추세를 보이고 있다.

유럽연합(EU)은 2035년부터 내연기관차(Internal Combustion Engine, ICE) 판매 금지 및 전기차(Electric Vehicle, EV) LCA 탄소배출량 기준을 준비하고 있으며, 기존의 운행 중 발생하는 CO_2 규제(Well-to-Wheel 범위)에서 생산·운행·폐기 과정에서 발생하는 탄소배출까지 포함하는 방식으로 개편 중에 있다. 또한 BMW, 벤츠, 폭스바겐, 테슬라, 현대·기아, GM, 토요타 등 주요 글로벌 완성차 업체들 역시 자동차 전과정평가 데이터를 적극적으로 공개하고 있다. 여기에 추가로 EU 배터리 규정이 전기차 전과정평가에 중요한 영향을 주고 있기 때문에 자동차 제조업체들은 전과정에서 환경영향을 평가하고 관리해야만 하는 필요성이 높아지고 있는 실정이다.

자동차 산업은 복잡한 글로벌 공급망(Global Supply Chain)을 보유하고 있기 때문에 환경친화적 공급망관리(ESCM: Environmental Supply Chain Management)의 개념 또한 중요한 키워드가 되고 있다.

기업의 경쟁력을 설명할 때는 해당 기업 뿐만 아니라 다양한 협력업체와의 공급망 관리가 중요한 평가대상이 되는데, 자동차 기업의 환경적 책임을 해당 자동차를 구성하는 다양한 부품 및 물질을 생산하고 공급하는 공급업체에게도 책임을 갖도록 하는 개념이다. 따라서, 각국의 환경 규제가 강화됨에 따라 기업은 자신뿐만 아니라 공급망 전반의 환경 성과를 개선할 필요가 있으며 이는 기업의 공급망 관리에 영향을 준다.

지속가능한 공급망 관리의 구성 요소에는 친환경 자재 조달, 공급업체의 환경 성과 평가, 지속가능한 물류관리 등이 포함된다. 공급망에서 환경영향을 줄이기 위해 재생 가능하거나 재활용 가능한 자재를 조달하고, 공급 업체의 환경 성과를 정기적으로 평가하고, 이를 바탕으로 협력 여부를 결정하는 방법이 그 전략이라 할 수 있다. 또한 친환경 연료를 사용하는 운송 수단 도입, 물류 경로 최적화 등을 통해서 지속가능한 공급망 관리(SSCM)를 수행할 수 있다.

단원정리

1. EU 배터리 규정 개요

- 배터리의 설계, 생산, 사용, 재활용, 폐기 전 과정에서 환경영향을 최소화하고, 지속가능한 배터리 산업을 구축하기 위한 법적 프레임워크
- 도입 시기: 2023년 7월 채택 → 2024년부터 단계적 시행 → 2027년 전면 적용

  주요 내용: 탄소발자국 데이터 보고(2024년), 탄소 발자국 등급 부여(2027년)

2. 주요 규정 사항

- 전과정평가(LCA) 적용
  - 배터리 설계·생산 과정에서 환경영향을 체계적으로 분석
  - 환경적 성능을 객관적으로 평가하여 개선 기회 마련
- 라벨링 및 정보 공개
  - 배터리 재료, 재활용 가능성, 에너지 밀도, 수명 등 정보 제공
  - 소비자의 환경 친화적 제품 선택 지원
- 재활용 목표 설정
  - 회원국별 배터리 재활용 목표 설정 및 실행 계획 마련
  - 배터리 회수 및 재활용 시스템 구축
- 책임 생산자 제도(EPR)
  - 제조업체·수입업체가 폐기 및 재활용 책임 부담
  - 재활용된 자원을 신규 배터리 생산에 활용 장려
- 보고 및 감시 시스템 운영
  - 배터리 생산·사용·재활용 데이터 수집 및 EU 보고
  - 규정 준수 여부 모니터링 시스템 구축

3. 글로벌 자동차 산업의 전과정평가(LCA) 동향

- UNECE: 2022년 한국·일본 공동 발의로 자동차 LCA 논의 시작
- EU: 2035년부터 내연기관차(ICE) 판매 금지, 전기차(EV) LCA 기준 도입

• 주요 자동차 기업들의 자동차 전과정평가(LCA) 데이터 공개 확대

4. 지속가능한 공급망 관리(SSCM, Sustainable Supply Chain Management)

• 자동차 산업의 공급망 변화
  - 글로벌 환경친화적 공급망 관리(ESCM)가 중요
  - 자동차 기업뿐만 아니라 부품 공급업체까지 환경적 책임 요구
• 지속가능한 공급망 관리 전략
  - 친환경 자재 조달 → 재생 가능·재활용 가능한 자재 사용
  - 공급업체의 환경 성과 평가 → 환경 기준 충족 여부에 따라 협력 결정
  - 지속가능한 물류관리 → 친환경 연료 사용, 물류 경로 최적화

읽을 거리

(1) 이경아 & 차종문(2024). EU 배터리 규정과 한국의 대응 현황 분석. 한국자원공학회지, 61(5), 388-398.

(2) 안상욱(2022). EU 운송분야 탄소중립 정책과 배터리 산업. 유럽연구, 40(4), 147-171.

(3) 현대모비스(2022). 전과정평가 보고서 2022. 현대모비스 기술연구소.

(4) 한국자동차공학회 & 글로벌 인사이트(2023). 자동차 LCA 국제 논의 동향 및 2030 자동차 전과정 온실가스 배출량 분석. 한국자동차공학회 보고서.

4.4 LCA의 경제 및 사회적 접근

학습목표

- 생애주기 비용 분석(LCC)의 개념과 필요성을 이해하고, 제품 및 시스템의 경제적 지속가능성에 미치는 영향을 설명할 수 있다.
- 사회적 생애주기 평가(S-LCA)의 개념을 이해하고, 기존 환경 생애주기 평가(LCA)와의 차이를 설명할 수 있다.

(1) 생애주기 비용(Life Cycle Costing, LCC)

생애주기 비용(Life Cycle Costing, LCC 또는 Life Cycle Cost Analysis, LCCA)은 제품, 프로젝트, 또는 시스템의 전체 수명 주기 동안 발생하는 모든 비용을 평가하는 방법론으로, 초기 투자 비용뿐만 아니라 운영, 유지 보수, 수리, 폐기 비용까지 포함한 총 비용을 산출하여 장기적인 재정적 의사결정을 지원하는 데 중요한 역할을 한다.

엔지니어링 시스템 분석에서 비용은 설계 및 의사 결정 과정에서 핵심적인 요소이며, 이를 통해 제품의 경제적 효율성과 지속가능성을 평가하고 최적화하는 것이 가능하다. 생애주기 비용 분석은 오랫동안 제품 및 시스템의 전 생애주기 동안 발생하는 총 비용을 예측하고 관리하는 도구로 활용되어 왔으며, 특히 건축 프로젝트, 자동차, IT 장비 등 다양한 분야에서 비용 최적화와 장기적 경제성 평가를 위해 필수적인 방법론으로 자리 잡고 있다. 이러한 분석이 필요한 이유는 사회적 자원의 효율적 관리 및 의사 결정 과정에서 객관적인 평가 기준을 제공하기 때문이다. 또한, 제품 설계 초기 단계에서 합리적 비용 예측을 수행하면 미래 유지보수 비용에 미치는 영향을 최소화할 수 있으며, 이는 대규모 프로젝트의 성공적인 운영 및 지속가능성을 확보하는 데 필수적이다.

생애주기 비용 분석은 다음과 같이 네 가지 주요 비용 요소로 구성되며, 각 요소는 제품 또는 시스템의 경제적 지속가능성을 결정하는 중요한 변수로 작용한다.

표 4-3. 생애주기 비용 분석의 주요 구성

주요 요소	내용
초기 비용 (Initial Costs)	구매 비용: 제품이나 시스템을 구입하는 데 드는 비용 설치 비용: 설치 및 초기 설정에 필요한 비용 설계 및 개발 비용: 제품 설계, 연구 및 개발에 드는 비용
운영 비용 (Operating Costs)	에너지 비용: 제품이나 시스템을 운영하는 데 필요한 에너지 비용 인건비: 운영을 위한 인력 비용 소모품 비용: 운영 중 필요한 소모품 비용
유지 보수 비용 (Maintenance and Repair Costs)	정기 점검 비용: 정기적인 점검 및 예방 유지 보수 비용 수리 비용: 고장이나 문제 발생 시 수리에 드는 비용 업그레이드 비용: 시스템 성능 향상을 위한 업그레이드 비용
폐기 비용 (End-of-Life Costs)	폐기 처리 비용: 제품이나 시스템의 폐기 및 처리에 드는 비용 재활용 비용: 재활용이 가능한 경우 재활용에 드는 비용 환경 복구 비용: 환경에 미치는 영향을 최소화하기 위한 복구 비용

생애주기 비용 분석은 장기적 비용 절감, 환경적 영향 평가, 총 소유 비용 이해, 전략적 계획 수립에서 중요한 역할을 한다. 초기 비용이 낮은 옵션이 장기적으로 더 높은 운영 및 유지 보수 비용을 초래할 수 있기 때문에, 생애주기 비용 분석은 장기적인 재정적 효율성을 높이는 데 도움이 되며, 제품이나 시스템의 전 생애주기 동안 발생하는 환경적 영향을 고려함으로써, 더 지속가능한 선택을 할 수 있다. 또한, 생애주기 비용 분석은 제품이나 시스템의 총 소유 비용을 정확히 파악할 수 있도록 하여 더 나은 투자 결정을 가능하게 하며, 기업의 재무 및 전략적 계획 수립에 필요한 핵심 정보를 제공하는 데 기여한다.

(2) 사회 생애주기 평가

사회적 생애주기 평가(Social Life Cycle Assessment, S-LCA)는 제품이나 서비스의 전체 생애주기 동안 발생하는 사회적 영향을 평가하는 방법론으로, 전통적인 환경 생애주기 평가(LCA)의 개념을 확장하여 환경적 영향뿐만 아니라 사회적 지속가능성을 평가하는 데 중점을 둔다. S-LCA는 제품의 원재료 추출, 생산, 사용, 폐기 과정에서 발생하는 긍정적 및 부정적 사회적 영향을 분석하여, 이해관계자에게 중요한 정보를 제공한다. 이를 통해 기업의 사회적 책임(CSR, Corporate Social Responsibility) 강화 및 지속가능한 생산 및 소비 패턴 구축을 지원할 수 있다.

S-LCA를 통해서 세부적으로는 제품으로 인한 사회적 영향의 평가가 가능하며 근로자의 안전, 건강, 근로 시간, 임금 등 노동 조건의 평가, 아동 노동, 강제 노동, 노동자의 권리 등을 포함하는 인권 침해 여부의 분석, 지역사회에 미치는 일자리 창출, 지역 경제 활성화, 지역사회 복지 등에 대한 영향을 파악하는 것이 가능하다. 또한 제품 사용이 소비자의 건강과 안전에 미치는 영향과 공급망 전반에 걸친 사회적 영향 등을 평가할 수 있다.

또한, S-LCA는 다양한 이해관계자의 관점에서 사회적 영향을 평가하는 이해관계자 중심 평가 방식을 사용하는데 여기에서 이해관계자란 근로자, 소비자, 지역사회, 공급업체 등이 포함된다. 즉, S-LCA는 이해관계자와의 소통을 통해 평가 결과를 반영하고, 이를 통해 지속가능한 사회적 가치를 창출하는 데 중점을 두고 있다.

S-LCA의 절차는 기존의 LCA 방법론과 유사하다. 첫째, 평가의 목적과 범위를 설정하여, 평가 대상이 되는 제품이나 서비스를 선정하고, 분석할 사회적 영향과 이해관계자를 정의한다. 둘째, 목록 분석 단계에서는 제품의 전체 생애주기 단계별로 발생하는 사회적 영향을 식별하고, 노동 조

건, 인권, 지역사회 영향을 포함한 다양한 데이터를 수집한다. 셋째, 영향평가 단계에서는 수집된 데이터를 바탕으로 제품이 미치는 긍정적 및 부정적 영향을 모두 고려하여 종합적인 평가를 수행한다. 마지막으로, 해석 및 개선방안 도출 단계에서는 평가 결과를 종합적으로 분석하여 부정적 사회적 영향을 저감할 수 있는 전략을 수립하고, 이를 이해관계자에게 투명하게 전달한다.

S-LCA는 다양한 산업에서 적용 가능하며, 대표적으로 전자제품 제조업과 농산물 생산업에서 활용되고 있다. 전자제품 제조업에서는 제조 공장의 노동 조건을 점검하고 근로자의 안전과 건강을 보호하기 위한 방안을 찾을 수 있다. 또한, 공급망 전반에서 아동 노동이나 강제 노동 여부를 점검하며, 해당 산업이 지역사회에 미치는 경제·사회적 영향을 평가한다. 농산물 생산 산업의 경우, 농업 노동자의 근로 여건 및 임금 수준을 평가하고, 농산물 생산활동이 지역경제에 미치는 영향을 분석하여 지속가능한 지역 발전 방안을 제시할 수 있다. 또한, 농산물의 안전성과 품질을 평가하여 소비자 건강 보호를 위한 전략을 수립할 수 있다.

단원정리

1. 생애주기 비용 분석(Life Cycle Costing, LCC)

- 정의: 제품, 프로젝트 또는 시스템의 전체 수명 주기 동안 발생하는 모든 비용을 평가하는 방법
- 목적: 초기 비용뿐만 아니라 운영, 유지보수, 폐기 비용까지 고려하여 장기적인 재정적 의사 결정을 지원

2. LCC 분석이 중요한 이유

- 제품 및 시스템의 경제적 지속가능성을 평가하고 최적화
- 초기 비용 절감이 장기적으로 높은 운영 및 유지보수 비용을 초래할 수 있음
- 사회적 자원의 효율적 관리 및 의사 결정 과정에서 객관적인 평가 기준 제공

3. 사회적 생애주기 평가(Social Life Cycle Assessment, S-LCA)

- 정의: 제품이나 서비스의 전체 생애주기 동안 발생하는 사회적 영향을 평가하는 방법론
- 목적: 환경적 지속가능성을 평가하는 전통적인 LCA를 확장하여 사회적 지속가능성을 평가

4. S-LCA의 주요 특징

- 이해관계자 중심 평가 방식 → 근로자, 소비자, 지역사회, 공급업체의 관점을 고려
- 환경적 지속가능성 외 사회적 지속가능성까지 평가
- CSR(기업의 사회적 책임) 및 ESG(환경·사회·지배구조) 경영 강화에 기여

읽을 거리

(1) European Commission(n.d.). Life cycle costing. Green Public Procurement. Retrieved from https://green-business.ec.europa.eu/green-public-procurement/life-cycle-costing_en

(2) 안혜련, 임진호 & 허영기(2013). 경제성 평가를 위한 LCC-LCA 종합분석 모델 개발 및 사례적용. 한국건축시공학회지(JKIBC), 13(6), 585-593

(3) United Nations Environment Programme(UNEP)(2020). Guidelines for social life cycle assessment of products and organisations. UNEP.

저자약력

박종관

- 국립창원대학교 공과대학 스마트그린공학부 환경에너지공학전공 부교수
- 전공분야: 전과정평가, 수처리 및 수질분석

<학력사항>

- 2017년 2월 울산과학기술원 도시환경공학부 공학박사
- 2011년 2월 광주과학기술원 환경공학과 공학석사
- 2009년 2월 아주대학교 환경도시공학부 공학사

<경력사항>

- 2024년 8월-2025년 9월: Kist-Europe 연구소, 방문연구원
- 2023년 9월-현재: 국립창원대학교 공과대학 스마트그린공학부 환경에너지공학전공 부교수
- 2019년 9월-2023년 8월: 국립창원대학교 공과대학 스마트그린공학부 환경에너지공학전공 조교수
- 2023년 3월-현재: 삼성창원병원 ESG경영실천위원회 환경분야 외부위원
- 2022년 8월-2024년 8월: 낙동강유역환경청 환경영향평가 전문가 자문단(온실가스분야)

최미진

- 국립창원대학교 산업기술연구원 연구교수
- 전공분야: 전과정평가, 바이오에너지, 미생물연료전지

<학력사항>

- 2012년 2월 광주과학기술원 환경공학부 공학박사
- 2007년 8월 광주과학기술원 환경공학부 공학석사
- 2006년 2월 경북대학교 환경공학과 공학사

<경력사항>

- 2024년 3월-현재: 국립창원대학교 산업기술연구원 전임연구교수
- 2023년 1월-2024년 2월: 국립창원대학교 산업기술연구원 전임연구원
- 2015년 10월-2022년 2월: 울산과학기술원 도시환경공학과 연구조교수
- 2014년 10월- 2015년 9월: 울산발전연구원 연구위원

노영민

- 국립부경대학교 환경·해양대학 지구환경시스템과학부 환경공학전공 부교수
- 전공분야 : 대기원격탐사, 대기환경

<학력사항>

- 2008년 8월 광주과학기술원 환경공학과 공학박사
- 2003년 8월 광주과학기술원 환경공학과 공학석사
- 2000년 8월 국립부경대학교 환경공학과 공학사

<경력사항>

- 2013년 9월-2018년 2월 광주과학기술원 국제환경연구소 연구부교수
- 2018년 3월-현재 국립부경대학교 지구환경시스템과학부 환경공학전공 부교수
- 2010년 10월-2013년 8월 광주과학기술원 환경공학부 연구조교수
- 2009년 10월-2010년 9월 광주과학기술원 환경공학부 박사후연구원
- 2008년 9월-2009년 9월 Leibniz Institute for Tropospheric Research (IfT), Germany, 박사후 연구원

탄소중립시대와
제품 전과정평가의 이해

1판 1쇄 2025년 8월 24일

저자 박종관, 최미진, 노영민
발행인 이경화

발행처 디자인21
주소 04560 서울특별시 중구 퇴계로 293-1(3층)
전화 02-2269-6561(대)
팩스 02-2269-6568
e-mail 21publish@naver.com
블로그 https://blog.naver.com/publish21
인스타 https://www.instagram.com/21publish.co.kr
홈페이지 https://21publish.co.kr

등록번호 제1-1128호
등록일자 1991. 2. 12

ISBN 978-89-6131-188-5 93530

정가 20,000원